圖書在版編目(CIP)數據

甲骨文金文考釋與研究.第一卷,甲骨文考釋/胡澱咸著.—蕪湖:安徽師范大學出版社,2022.7

ISBN 978-7-5676-5779-3

Ⅰ.①甲… Ⅱ.①胡… Ⅲ.①甲骨文—研究②金文—研究 Ⅳ.①K877.14 ②K877.34

中國版本圖書館CIP數據核字(2022)第119565號

甲骨文金文考釋與研究:第一卷

甲骨文考釋

JIAGUWEN KAOSHI

胡澱咸◎著

總策劃:張奇才

責任編輯:祝鳳霞　　責任校對:翟自成

裝幀設計:張　玲　桑國磊　馮君君　　責任印製:桑國磊

出版發行:安徽師範大學出版社

蕪湖市北京東路1號安徽師範大學赭山校區　郵政編碼:241000

網　　址:http://www.ahnupress.com

發 行 部:0553-3883578　5910327　5910310(傳真)

印　　刷:安徽新華印刷股份有限公司

版　　次:2022年7月第1版

印　　次:2022年7月第1次印刷

規　　格:787 mm × 1092 mm　1/16

印　　張:15.5　　插　　頁:2

字　　數:180千字

書　　號:ISBN 978-7-5676-5779-3

定　　價:240.00元

凡發現圖書有質量問題,請與我社聯繫(聯繫電話:0553-5910315)

胡澱咸先生
（一九八五年摄于寓所）

治學數十載的豐碩成果，傳承先生在艱難困苦中鍥而不舍的治學精神，以激勵更多的年輕學子爲弘揚中華優秀傳統文化而不斷努力。之所以説『勉爲其難』，是因爲我在南京大學歷史系考古專業求學時就對充滿神秘色彩、深奥莫測的古文字學望而却步，放棄了對這門古文功底要求非常高，非積數十年之功難以有所突破的古文字考釋的學習。攻讀碩士學位時確定，結合已經發表的科研成果，發揮原先所學的特長，繼續研究長江流域文明起源和中國先秦史，恩師對年近不惑之年的我的選擇表示理解與尊重，所以在以后的學習與畢業后的教學科研中，我對中國古文字學只是關注而没有傾注心血。現在，要我爲恩師的遺作《甲骨文金文考釋與研究》寫序，唯恐言不達意，思考再三推托不恭，只能盡力而爲。

一九八〇年，我陪同七十高齡的先生到四川大學參加中國古文字學會年會，這是『文革』后古文字學界的首次盛會，也是先生在『反右』運動中嚴重受挫二十多年后第一次參加全國性的學術會議。會議主持人、史學界前輩大師徐中舒先生安排胡先生在大會上第一個發言。先生的發言，獲得了與會海内外學者的高度贊許。在陪伴先生往返的十天里，先生心情舒暢，對古文字學、先秦史的許多問題發表自己的見解，耳提面命，受益良多，幾十年后回憶起來，恍若昨日。恩師是功夫深厚、學識淵博、治學嚴謹的學術大師，同時又是一位和藹可親的導師，每每憶及，倍感親切。

二十世紀三十年代，從國立中央大學（今南京大學）求學時代起，先生就刻苦鑽研，嶄露頭角，無論是翻譯出版的房龍所著《世界地理》，還是所撰論文，均目光獨特，文辭優美，頗多創新，開始受到學術界關注。畢業后，在擔任江蘇省國學圖書館編校期間，仍不斷開拓視野，毫不懈怠。抗戰期間曾受聘在四川大學歷史系任教，受到顧頡剛、徐中舒等史學前輩大家的賞識，一九四四年被破格聘爲副教授。抗戰后返回安徽省，報效桑梓，先后受聘於一脉相承的國立安徽大學、安徽師範學院、合肥師範學院、安徽師範大學，輾轉安慶、合肥、蕪湖。先生興趣廣泛，研究面寬而精深，不囿於古史某一段某一朝代，而是通覽數千年。先生獨自撰寫的《中國古代及中世紀史》，具有古代通史的性質，涵蓋先秦至魏晋南北朝的歷史，曾作爲多所高校歷史系的教材，倍受學生歡迎。先生所撰論文不僅涉及先秦、兩漢、魏晋南北朝，還包括隋唐至明清史，在學術研究中又勇敢地涉足難度極大的古文字學，且所獲頗豐，是學界公認的精英。

這次結集出版的《甲骨文金文考釋與研究》（四卷本），共收集甲骨文考釋四十篇、銅器銘辭考釋六十四篇、長篇專論《殷墟爲鐵器時代》和甲骨學與古文字學論文十一篇，凡六十余萬言，記録了先生在古文字領域的部分研究成果，也標志着先生古文字學理論的形成。其中絶大部分的篇幅完成於『反右』之后的困厄時期，是先生嘔心瀝血數十年之作。可以設想半個多世紀之前，在那没有電腦的年代，爲了搞清楚每一個字的源流、演變，從本義到引申義再到假借義，撰寫每一篇甲骨文和金文考釋文章，需要查閲多少本古籍？需要反復推敲修改多少遍才能定稿？先生所付出的艱辛和困苦難以言表，令學者們望而却步和生畏的古文字，在先生的手中成爲一門駕輕就熟、融會貫通的知識，爲后人留下一筆豐富的遺産。

二十世紀五十年代初，先生開始涉足中國古文字領域。先生將甲骨文作爲最真實、直接且可信的史料來研究。一九五七年，發表了甲骨文考釋的處女作《釋眔臣》，認爲甲骨文『臣』字是奴隸的『隸』字的本字，像奴隸痛苦流泪之形，爲商代是奴隸制社會找到了直接的甲骨文依據。『但卜辭臣字的字義已不完全與隸相同，商王已將他的大臣和屬於商的部落，看作和奴隸一樣了』，獲得學界的首肯。

從甲骨文到金文，在探究造字源和流的同時，觀察商周社會，進而爲古史的研究提供新資料。例如『尹』字，前人釋爲『握事者也』，或『執筆者也』，先生在研究中發現，甲骨文『尹』字的多種字形與『父』『君』同系，進而提出父系社會家長的『父』，與氏族的族長『尹』、國家的最高統治者『君』是同系的看法，也論證了文字的發展與社會生活發展的高度一致性，爲學界接受。對『王』字的考釋同樣精彩，認爲舊釋『一貫三爲王』『天下所歸往也』皆爲臆説。從甲骨文字形看『王』字是『土』上加一横，土即爲『社』，王（社）是土地之主，反映農業經濟有很大發展，最后成爲國家最高統治者的代名詞，即所謂『溥天之下，莫非王土』。其他如釋『史』爲事、釋『衣』爲圍獵等皆力排舊説，創爲新解。無論身處順境還是逆境，先生都是一如既往地潜心鑽研中國古文字學，從單字的考釋到史實的考證，從字形的變化中探索中國字的演變規律，再到古文字考釋方法的思考，形成自己獨特的古文字考釋方法，進而與中國古代社會的研究融爲一體。在漫長的半個世紀里，先生以超人的毅力堅持學術研究，完成了甲骨卜辭、金文研究的大量文稿，形成系列。

先生對青銅器銘文的釋讀和考辯同樣情有獨鐘，傾注了大量心血。如先生對《中方鼎》《趞尊》《中甗》的考釋，論證了殷商末期、西周初期已有采邑制。而對《格伯簋》《鬲攸比鼎》、《中甗》等器的考釋，闡明西周時期祖先由賞賜獲得的土地，子孫可以分有，土地成爲私産，可以連同土地上的農户買賣，有因土地糾紛而産生的訴訟。對《杜伯盨》中『申』字的釋讀，使人們了解到『申』即『神』字，而神即自然界電閃雷鳴的壯偉景象，成爲人們敬畏崇拜的對象，這也就是最原始的宗教情結。先生所撰的銅器銘文考釋數量多、學術水平高且行文靈動多有創新。每一篇考釋文章都極盡全力博採衆長，有辨駁，有己見，有反復考證和勘誤，力求達到讀通讀懂，彌補了周代史料不足的缺憾。先生堪稱當代銅器銘辭考釋領域當之無愧的卓然大家。

一九五四年，先生將甲骨文研究和殷商史研究結合在一起，撰寫了約十一萬字的力作《殷墟爲鐵器時代》。先生以生産力發展的標志——生産工具爲切入點，從甲骨卜辭中苦苦搜尋資料，大膽考察甲骨文中一些生産工具字和與勞動有關的字，所獲甚豐。先生列舉大量的甲骨文實例，并通過嚴謹、周密、科學的論證，認爲『』即是甲骨文『鐵』字的初文，是國内最早考證出甲骨文『鐵』字的學者，這是甲骨文考釋中極具學術價值的一大貢獻，學術界因此尊稱先生爲『鐵老』。先生認爲，殷商時期的生産工具如鋤、鏟、犁、鏤等都應該有鐵制的。鐵的多種名稱，正是由這些農器或生産勞動來呈現的。先生的這部專著，寫於約七十年前，在當時的歷史背景下，敢於作出這樣的論述，不僅需要深厚的史學修養、超然卓越的史識，更需要忠於史實，『雖千萬人吾往矣』的史德。此書的公開刊布，相信必將對商史和甲骨文研究産生巨大的影響。

《甲骨學與中國古文字學》收録了甲骨斷代、漢字起源、論通假、漢字的結構及其演變、中國漢字發展述略、中國文字學中形而上學的批判和考釋古文字的方法問題等十一篇獨立的研究論文。先生精辟而深入地闡述了古文字研究現狀，并就中國古文字的結構、演變、考釋方法進行了研討，提出了一家之言。以往學者多從『六書』的角度來研究，文字學偏重『形』，訓詁學注重『義』，音韵學研究『音』，先生認爲這是在『割裂』文字。漢字是『形』『音』『義』三者相互聯系、不可分割的一個整體。清乾、嘉以來，在古文字研究領域，有人倡爲『以古音求古義』『凡同聲皆可假借』『音同義同』，先生對這種濫用假借的形而上學的研究方法進行了中肯的批判，并根據自己的研究，提出漢字發展的七種方式，成爲全新且獨特的古文字學理論。先生提出，考釋古文字要尋找文字的演變規律，從探索甲骨文的本義入手，推知其引申義和形成假借義的原委，驗之以卜辭、金文和古代典籍，再由文字而及史實，匯聚史料，便可推知時代的社會政治、經濟和生活狀况。這是先生多年研究的心得體會，堪稱真知灼見。

先生以畢生精力傾注於學術研究，無論在古史方面還是古文字學方面都取得了令后人驚嘆的成就。在古文字學界他獨樹一幟，從甲骨文字到甲骨卜辭，從金文單字到銘辭考釋，再到古文字考釋方法的歸納總結，精深而獨到。尤其是他將古文字的考釋與古史研究相互印證，形成兩者相得益彰交相輝映的學術風範，對后人啓發良多。

安徽師範大學出版社將恩師胡澱咸先生的《甲骨文金文考釋與研究》結集出版，使先生治學成就和矢志不渝、鍥而不舍的治學精神得以彰顯於世，實在是值得高興和慶賀的事，作爲弟子，我百感交集，倍受鼓舞。

是爲序。

二〇二二年五月

（作者系安徽師範大學歷史學院二級教授、博士生導師）

目録

釋史

『史』字過去有許多解釋。説文云：『史，記事者也，从又持中；中，正也。』清代學者江永謂『史』是掌文書者。他説：古時『凡官府簿書謂之中……猶今之案卷也，此中字之本義。故掌文書者謂之史。其字从又从中，又者右手，以手持簿書也。』（周禮疑義舉要）吳大澂謂『史』『象執簡之形』（説文古籀補）。近代王國維謂『史』字所从之『中』，乃周禮太史職『凡射事飾中舍筭』之『中』。『中』是盛筭之器，象盛筭之形。古時筭與簡是一物，盛筭之『中』也用以盛簡，所以簡策也稱爲『中』。『史』字从又持『中』，義爲持簡之人，也就是持書之人。（觀堂集林卷六釋史）近時馬叙倫又謂『史』字是『書』之初文，『筆』之異文，是象手持筆。他説：『史，記事者也，从又持中。其實，史爲書之初文，筆之異文。从又持ф爲筆，从又持ф爲史。фф雖有県正之殊，皆是筆。……書刀之形蓋爲ф，虚之則爲ф，形與中外之中近，故譌爲中矣。』（讀金器刻辭）

這些解釋，我們稍加推敲，都難置信。以『史』字始義爲掌記事的史官，很明顯，是講不通的。如果説『史』字的本義是掌記事的史官，則在『史』這個字創造以前就應已有歷史記載了。不但已有歷史記載，而且必已成爲相當重要的事了。因爲決不會還没有歷史記載的事實，就已先設置專掌記載歷史的史官，也決不會歷史記載還不重要，便設置專官職掌。若如說文所說，則在『史』字創造以前，不但歷史記載已成爲重要的事，而且已經有了歷史理論了，這就是歷史記載必須中正。當『史』字創造的時候，會不會有這樣的事實呢？可以肯定地說是不會有的。從文字開始創造進而用它記載歷史，再進而設置專官職掌歷史記載，必定有個過程。換句話說，一定要經過相當長的時間。如『史』字的本義是記事的史官，則『史』字的創造應爲時相當晚。但『史』字甲骨文就已有了。『史』字也不見得是殷墟時代才創造的，它開始出現也許還早一些。在中國文字開始創造還不久的時候，歷史記載就已成爲重要的事而需要設置專官掌管，這在事理上是很難講得過去的。所以『史』字的本義必不是記事的史官。上述江永、吳大澂、王國維說和馬叙倫的解釋，雖然不以『史』字的本義爲記事的史官，實際仍都是以『史』爲記事的史官推衍出來的，不過稍加變更而已。他們的解釋也都只是想象，没有合理的證據。

過去對於『史』字字形的解釋也不正確。說文謂『史』字是『从又持中』。吳大澂和王國維都指出這是錯誤的。中正之『中』古作『𠁩』或『𠁧』，伯仲之『仲』作『中』，無作『中』者。『史』字不从『中』作。『史』字確不是从中正之『中』。但吳大澂和王國維實際上仍然是以『史』所从之『中』爲『中』，不過不是中正之『中』，而是簿書或盛筭之『中』而已。甲骨文中『中』字，學者以爲不認識（甲骨文編列於附録）。這個字在卜辭裏，字義很難確定。它似乎可以與『𠁩』及『中』（仲）通用。例如卜辭習見『立𠁩』，似也可以作『立中』。如：

「癸未卜，方大出，立中于北土。」（續存下八十）

「立中」似非是「立□」不可。

又如：

「戊午卜，□弗其□我中母，不（缺）。」（鐵二〇〇·三，前六·五九·一）

「中母」似也就是仲母。由此看來，「中」字至少讀音與「□」「中」相同或相近。但這個字究竟是什麼字，其本義爲何，還是難以斷定。

問題不在「中」是什麼字。我們認爲「史」字根本就不从「中」作。甲骨文「史」字有兩種字形：一作「□」或「□」，一作「□」。但絕大多數作「□」及「□」，所从之「□」直畫上端歧頭，和「中」不同。反之，甲骨文「中」字從不見有直畫上端歧頭的。這兩個字必不是一個字。「史」字或有从「中」作者，當是「□」之省。馬叙倫謂「史」字所从之「中」是「筆」之譌，更是臆説。甲骨文「筆」字作「□」，和「史」字所从之「□」或「中」迥乎不同。「史」字不論甲骨文或金文，也從不見有从「□」或如馬氏所説的「□」或「□」作的。在卜辭中，「史」和「聿」兩字也从不相亂。「史」字所从之「□」或「中」決不是「□」或「□」的譌變。「史」字決不是从又持筆。這些解釋所以有這種錯誤，原因就在於他們總認爲「史」字本義是記事的史官或掌文書的人。爲要勉强把這種字義説通，勢必要曲解和附會。

然而「史」字的本義究竟是什麼呢？

按甲骨文，『史』和『事』是一個字。我們以爲『史』字原就是『事』字。考『事』有刺義。漢書蒯通傳：

『慈父孝子所以不敢事刃於公之腹者，畏秦法也。』

『事刃』意顯爲刺刃。管子輕重甲：

『夫得居裝而賣其薪蕘，一束十倍，則春有以傳耜，夏有以決芸。』

又云：

『且四方之不至，六時制之。春日傳耜，次日穫麥。』

『傳』就是『事』，或又作『剚』。『剚耜』意也顯爲刺耜。漢書蒯通傳注引李奇云：『東方人以物臿地中爲事。』『事』字本義蓋爲以物臿地。我以爲『』就是象以手持物臿地之意，引申爲刺。其用爲事物之『事』，乃是假借。

在卜辭中，『史』字有三種用法，也就是有三種字義。

一、用爲『使』。如：

『貞，勿史人于羔。貞，史人于羔。』（前一・五〇・六）

『乙酉卜，賓貞，史人于河，沉三羊，三牛。三月。』（粹三六）

『貞，史人于。』（續存下三五四）

二、義爲事。如：

『乙酉卜𦍒貞，令衆人比□由王史。』（前七・三・二一）

『（缺）申卜，㱿貞，旃（缺）由王史。貞，旃眔㱿弗由王史。』（乙綴二・十三）

『貞，行弗其由王史。』（林二・一一・九）

『辛巳卜，我貞，我又史。』（前八・三・三）

『亡史。亡史。』（掇二・一二七）

三、官名。卜辭所見的官以『史』名者有『史』『御史』『大史』和『鄉史』。

『貞，令我史步。』（鐵二五〇・一）

『癸亥卜，㱿貞，我史毋其戋缶。』（乙六七〇二・七七九五）

『貞，我史其戋方。我史弗其戋方。』（乙七七六四）

『貞，方其戋我史。貞，方弗其戋我史。』（同上）

『庚子卜，□貞，西史旨其㞢（有）𡆥（禍）。』（乙綴二五七）

『貞，在北史，㞢隻羌。』（乙六四〇〇）

由這些卜辭看，『史』有『西史』『北史』，他們還從事戰爭，可知他們必不是專掌記事的。卜辭又云：

『丙子卜，㱿貞，勿乎鳴比巨（巨）史□。』（續存上六六）

『乎鳴比巨史□。貞，勿乎鳴比巨史□。』（鄴初下三三・五）

『戊午卜，㱿貞，王曰：侯虎往，余不朿，其合乃史歸。』（菁七）

『貞，王曰：侯虎，□女史劦受。』（同上）

這裏，『巨』是國名，『鳴』和『叀』都是人名。『比』是『偕』字的初文。『乎鳴比巨史叀』，『勿乎鳴比巨史叀』，是卜問是否命『鳴』偕巨國的『史』叀。『侯虎』是武丁時𢀛國的諸侯，是卜辭習見的。『乃史』『女史』，即你的史。據此，巨國有史，侯虎也有史，殷時方國也有史。殷代方國的歷史記載，我們一點也看不到。這些方國的史官也必定不是掌歷史記載的。

我以爲『史』實是庶事之官。『史』字就是『事』字。説文云：『事，職也。』職即是職官。尚書酒誥：『文王誥教有正有事。』又云：『兹乃允惟王正事之臣。』『事』都是職官。『史』當就是『事』一類的官。説文云：『士，事也。』士就是『事』，則『史』也就是和後世『士』相類的官。史所以成爲職官之名，當就是由於它是主管事務或做事的。

我們从古代記載中的『史』來看，多是庶事之官，更可見其地位之卑下。

卜辭有『御史』。

『□□□，㱿貞，方𢀖馬取，乎御史。』（乙七三六〇）

『貞，勿乎取方𢀖馬。』（同上）

『癸未卜，其北御史□。』（甲一六三六）

『𢀖』，疑是『騧』字的初文。『𢀖馬』，疑就是騧馬。『方騧馬取，乎御史』，蓋謂命御史往方取騧馬。殷時御史出使外國，又有『北御史』，可見也不是專掌記事的。

『御史』古書作『御事』。尚書大誥：『猷爾多邦越爾御事。』『肆予告我友邦君越尹氏御事。』『爾邦君越爾多士尹氏御事。』尚書牧誓：『我友邦冢君御事司徒、司馬、司空。』僞孔傳云：『治事三卿。』據此，『御』義爲治，『御史』『御事』，意爲治事。卜辭：

『（缺）勿御史。』（乙六二七四背）

『貞，勿[illegible]入御史。』（續五・一五・六）

『乙卯卜，𠂤御史。』（鐵一八三・四）

『弜乎[illegible]帝子御史，王其每。』（續存上一八五九）

這裏，『御史』都不是名詞而是謂語，意必也是治事。『御史』作爲官名，最初必就因爲它是治事的。換句話說，因爲它是治事的，所以名之爲『御史』。

卜辭：

『利令，隹大史寮令。』（前五・五九・八）

『大史』之成爲官名，我以爲也是由於它所職掌的事。『大史』就是『大事』。因爲它掌管大事，所以名之爲『大史』。

卜辭：

『貞，于來丁酉酒，大史，易日。』（續二六・四）

『貞，于來丁酉酒，大史，易日，八月。』（庫方一六二〇）

這兩條卜辭相同，當是同時所卜。此處『大史』必不是官名，若是官名，便不可通。這必是『大事』。這是說下旬丁酉日舉行酒祭，是大事。

卜辭：

『辛亥卜，貞，衆人立大史于西奠，𤤺（缺）。』（林二・一一・五）

此處『大史』，意也必是大事，而不是官名。若釋爲大史之官，也不可通。因爲立『大史』之官，決不會在西奠。『奠』卜辭用爲郊甸之『甸』，『西奠』即是西甸。此處『立』當讀爲『莅』（或涖）。古『莅』（涖）都用『立』字。周禮司市：『涖於介次。』鄭玄云：『故書涖作立。』鄭司農云：『立當爲涖，涖，視也。』這兩個字古可以通用。史記蘇秦列傳：『寡人年少，立國日淺。』戰國策趙策作『莅國』。這個字最初蓋假用『立』字，後世增加偏旁，乃成爲『莅』或『涖』字。卜辭又有『立史』：

『貞，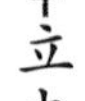立史于侯。六月。』（後下四・三）

『乙未卜，立史，右从我，左从。十二月。』（綴合一〇八）

『貞，勿立史于南。』（同上）

國佐𦉜：『國佐立事歲咸丁亥。』陳純釜：『陳猶立事歲。』大戴禮記有曾子立事篇。左傳昭公十五年：『將禘於武公，戒百官。梓慎曰：禘之日，其有咎乎！其在涖事乎！……二月癸酉禘，叔弓涖事，籥入而卒。』『立史』『立事』『涖事』，語例一様。『立史』必就是『立事』，也就是『涖事』。『立大史』當即是『涖大事』。周禮小司徒云：『凡國之大事致民。』鄭玄云：『大事謂戎事也。』『収衆人立大史于西奠。』『奠』字卜辭多用爲郊甸之『甸』。這或者是將有戰争，在西甸『致民』，或者是在西甸舉行大祭祀。

『大史』就是『大事』。大史之官是由於它掌管大事而得名的。什麽是大事呢？左傳成公十三年云：『國之大事，在祀與戎。』我國古代是以祭祀和戰争爲大事。左傳閔公二年：衛華龍滑和禮孔説，『我太史也，實掌其祭』。據此，太史實是掌管祭祀的。卜辭：

『乙丑卜，出貞，大史壬工先酒，㞢匚于丁，卅牛。七月。』（綴合三八）

『（缺）出貞，大史工酒先，㞢匚于丁，卅牛。七月。』（同上）

『大史工』是人，『大史』是官，『工』是人名。這是工爲大史之官。『丁』，卜辭多是指武丁之兄『丁』。這大概就是他。『出』，是祖庚時的貞人。這當是祖庚時祭祀『丁』的。『先』義爲進獻。『先酒』『酒先』，即是獻酒。這是説祭祀『丁』時，大史工獻酒。由這兩條卜辭看，殷代祭祀確實是由大史掌管。大史之成爲官名，當就是由於它掌管祭祀。

卜辭又有『鄉史』。

『辛未王卜，在盥，宙隹犇，其令鄉史寮。』（通六一五）

這個官，銅器銘辭作『鄉事』。如令彝：『王令周公子明保尹三事四方，受鄉事寮。』毛公鼎：

『王曰：父厝，已曰彶丝鄉事寮，大史寮于父即尹。』古書作『卿士』。如詩十月：『皇父卿士。』左傳僖公五年：『虢仲、虢叔，王季之穆也，爲文王卿士，勛在王室。』在周代，卿士蓋爲相。左傳襄公十年云：『單靖公爲卿士以相王室。』但殷代『鄉史』所掌是什麽，現在已不清楚。按『鄉』字甲骨文作『』，象二人對食之形，其本義當爲饗燕，即『饗』字的初文，也即是『鄉』字。疑鄉史最初可能是掌饗燕之事的。因爲它掌饗燕之事，所以稱爲『鄉史』。

總之，我以爲『史』和『事』，原就是一個字。所謂史官實是任事之官，史、鄉史、大史、卿史都是由它所職掌的事務而得名的。

『史』字就是『事』字，所謂史這種官，最初只是掌庶事的，而不是記事的。但我國古代，歷史記載確由史官掌管，這又是什麽原因呢？

要回答這個問題，須先要研究一下我國古代歷史記載究竟由誰掌管。我國古代相傳有『左史記言，右史記事』之説。漢書藝文志云：

『古之王者，世有史官，君舉必書。所以愼言行，昭法式也。左史記言，右史記事。事爲春秋，言爲尚書。帝王靡不同之。』

或又説左史記動，右史記言。禮記玉藻云：

『動則左史書之，言則右史書之。』

這種説法，章學誠早已指出是不可信的。文史通義書教上：

『記曰，左史記言，右史記動。其職不見於周官，其書不傳於後世，殆禮家之衍文歟？後儒不察，而以尚書分屬記言，春秋分屬記事，則失之甚也。夫春秋不能舍傳而空存其事目，則左傳所記之言，不啻千萬矣。尚書典謨之篇，記事而言具焉；訓誥之篇，記言而事亦見焉。古人事見於言，言以爲事，未嘗分事言爲二物也。』

章氏是從言動不能分記説的。我們認爲根本没有左史、右史掌歷史記載的事實。卜辭、銅器銘辭以及尚書都不見有左史、右史之名。誠如章學誠所説。『其職不見於周官，其書不傳於後世』。殷和西周時代有無左史、右史之官猶屬疑問，説當時已是左史記言、右史記事，怎能令人相信呢？

或又以爲太史、内史就是左史和右史。孫詒讓周禮正義：

『太史、内史亦稱左右。周書史記篇，穆王時有左史戎夫。大戴禮記盛德篇云：内史、太史左右手也。盧注云：太史爲左史，内史爲右史。玉藻云：動則左史書之，言則右史書之。孔疏云：熊氏云，按周禮太史之職云，太史抱天時，與大師同車。又左傳襄公二十五年曰：太史書曰，崔杼弑其君。是太史記動之事，在君左廂記事，則太史爲左史也。按周禮，内史掌王之八枋。其職云：凡命諸侯及孤卿大夫，則策命之。左傳僖公二十八年曰：王命内史叔興父策命晉侯爲侯伯。是皆言誥之事，是内史所掌。在君之右，故爲右史。是以酒誥云：矧太史友、内史友。鄭注：太史，内史掌記言記行。是内史記言，太史記行也。』

這幾乎全是牽强附會之說。大戴禮記所謂『内史、太史左右手也』，乃是説内史和太史地位重要，如王之左右手，與記言記動毫無關係。怎麽能據此便肯定太史就是左史，内史就是右史呢？齊國的太史書崔杼弑其君，怎麽知道他就一定是『在君左厢』呢？内史掌策命，又怎麽知道他就一定是『在君之右』呢？酒誥稱太史友、内史友，又怎麽知道他們一定是一個記言一個記動呢？這顯然都是想當然的話。

從卜辭、銅器銘辭、尚書和詩經等最可信據的材料看，殷和西周時代的史官只有史、御史、大史、鄉史和内史。史、御史、大史和鄉史的性質和職掌前面已經説過了。内史不見於卜辭，大概周代才設置的。從記載看，内史乃是掌策命的。銅器銘辭：

『王乎内史吴曰：册令虎。』（師虎簋）

『王乎内史駒册令師奎父。』（師奎父簋）

又國語 周語：

『襄王使邵公過及内史過賜晋惠公命。』

左傳 僖公二十八年：

『王命尹氏及王子虎、内史叔興父策命晋侯爲侯伯。』

據此，自西周到春秋時代，内史都掌策命。内史又稱『作册内史』和『作命内史』。如：

『王在周，令作册内史易免鹵百□。』（免盤）

『王乎作册内史册令師艅。』（師艅簋）

『王乎作命内史册命剌。』（剌鼎）

由此更足知内史必定是起草詔命的。内史實是王左右機要之官。其所以稱爲『内史』，最初原因疑即在於此。

銅器銘辭記載，也有史掌策命的。如：

『王乎史戊册令吴。』（吴彝）

『王乎史年册令望。』（望簋）

『王乎史尤册令蔡。』（蔡簋）

這些史疑也是内史，是内史之省稱，或者也可能是内史的屬官。西周内史已有尹，如師兑簋：『王乎内史尹册令師兑。』既有尹，則内史必不止一人，其下當有屬官了。

掌策命的還有尹氏、令尹和作册尹。

『王乎尹氏册令膳夫克。』（大克鼎）

『王乎尹氏册令師嫠。』（師嫠簋）

『王乎令尹執册令伊。』（伊簋）

『王册令尹易蠡赤市，幽亢，攸勒。』（蠡尊）

『王乎作册尹□□走。』（走簋）

『王受作册尹書，卑册命免。』（免簋）

王國維謂尹氏、令尹、作册也都是内史。尚書大誥：『肆予告我友邦君越尹氏御事』，『爾邦君越爾多士尹氏御事』。詩節南山：『尹氏大師，維周之氐。』由這些記載看，周代尹氏這個官地位是很高，很重要的，必不同於一般的内史。春秋時，楚國的執政稱令尹，由此推測，西周時令尹的地位恐也比一般内史要高些。

内史是起草詔誥，掌策命的，是機要之官，可知也不是掌歷史記載的。

我國古代，歷史記載實由太史掌管。宣公二年左傳：『晋趙穿攻晋靈公於桃園，趙宣子未出山而復，太史書曰：趙盾弒其君。以示於朝。』襄公二十五年左傳，齊崔杼弒齊簡公，『太史書曰：崔杼弒其君。』這都很明白，太史掌記事。史記太史公自叙云：『余先周室之太史也。……余死，汝必爲太史。爲太史無忘吾所欲論著矣。……今漢興，海内一統。……余爲太史而弗論載，廢天下之史文，余甚懼焉。』司馬談爲漢太史令，以作史爲自己當然的職責，歷史記載由太史掌管，更由此可見。

歷史記載何以由太史掌管呢？我以爲就是由於它掌祭祀的緣故。它掌歷史記載是由它掌祭祀逐漸發展來的。我國古代，有兩種學問由太史掌管：一是天文、歷法，一是歷史記載。這兩種學問都與它掌祭祀有關。太史是掌祭祀的。所謂祭祀，是對一切天神、地祇和祖先的祭祀。也就是一切宗教事務都由太史掌管。天文、歷法最初本是勞動人民發明的。勞動人民爲要更好地進行生產勞動，使生產勞動能按照自然的氣候季節進行，於是便觀察日、月、星辰的運行，尋求其規律，逐漸形成曆法。及至社會發展有了階級，有了統治階級和被統治階級之分，統治階級乃利用天文來統治被統治階級。他們把一切都説成是『天道』『天命』『天意』，要人民服從他們的統治。漢書藝文志云：

『天文者，序二十八宿，步五星、日、月，以紀吉凶之象，聖王所以參政也。』

這清楚地説明了統治階級是利用天文統治人民的。爲要利用天文、曆法欺騙人民，維持統治階級的統治，對天神要舉行祭祀，要占候『吉凶』『妖祥』，太史必須要觀察日、月、星辰的運行。因此，天文曆法也就由太史掌管。漢司馬談爲太史令，説他『掌天官』（太史公自序），原因就在此。

太史掌歷史記載，疑最初也是由於它掌管祭祀。

我國西周以前的歷史著作現在已看不到。當時是否已有歷史書，無從確知。我們現在所能見到的先秦的歷史書只有尚書　春秋　左傳　秦紀　竹書紀年和世本等。尚書固然記載了歷史事實，但它只是些單篇的所謂典、謨、訓、誥，所記的只是個别的事件，而不是有系統、有一定體裁的歷史記載。其有系統、有一定體裁的歷史記載只有後五種。春秋　左傳　秦紀和竹書紀年，都是編年體的歷史記載。世本是譜系，春秋　左傳和秦紀所記都是周東遷以後的事。其記有西周以前史事的，只有世本和竹書紀年。世本是戰國時趙國的史官記載的，它是司馬遷作史記主要的根據之一。世本原來的面貌怎樣，現在已不能完全知道了。從宋以前書所引的來看，它主要的是記黄帝以來帝王、諸侯及卿大夫的世系。這種世系記載春秋以前就已有了。國語楚語：『教之世而爲之昭明德而廢幽昏焉。』韋昭云：『世，謂先王之世系也。』這種世系殷代也就已有了。卜辭很清楚地記載了殷諸王的世系。史記殷本紀和三代世表所記的殷代諸王的世系已由卜辭證明是正確的。史記是根據世本的。世本也必定是根據更早的記載的。如不是殷代有這種世系流傳下來，恐世本決不能有如此正確。這種世系的記載最早始於什麼時候，現在又難以確指。在殷以前，自黄帝以後，傳説都有世系。但從黄帝到堯舜，其世系之不足信，是顯然可見的。現在難以確定的是夏代的世系。世本和史記都記載了夏代的世系。但這種世系是否完全正確，現在還無法證實。按卜辭記載了殷先公的世系。自王亥、上甲以下非常清楚。在此以前，世系雖不清楚，但殷先公名字也有記載，雖然這些名字與史記所傳不盡相同。這些殷先公都是相當於夏代的時候。因此，我們疑夏代就已有世系記載了。不論怎樣，殷代已有世系記載可以肯定無疑。

這種世系記載是怎樣起源的呢？我疑這是起於對祖先的祭祀。舉行對祖先祭祀的時候，必須要按照祖先的先後、尊卑、親疏安排位次。這就必須要知道祖先和族人的世系。這種情形在卜辭裏就看得清楚。卜辭殷代對先公、先王和先妣的祭祀，例如周祭，按照先公、先王、先妣的先後，依次祭祀，絲毫不亂。在卜辭裏，直系先王和旁系先王也分别得很清楚。這都可以推知當時對於祖先世系的記載是很重視的。

太史是掌祭祀的，所以這種世系也由太史掌管。國語楚語：『夫人作享，家爲巫史。』韋昭云：『巫主接神，史次位序。』國語魯語：『夫宗廟之有昭穆也，以次世之長幼而等胄之親疏也。……故工史書世，宗祝書昭穆。』韋昭云：『工，瞽師也；史，太史也；世，次先後也』。周禮小史：『小史掌邦國之志，奠繫世，辨昭穆。』杜子春云：『奠讀爲定。』鄭玄云：『繫世謂帝繫世本之屬。』『奠繫世』就是定帝王世系。『小史』是太史的屬官。可知宗廟祭祀，祖先的世系和位次先後都由太史掌管。國語晋語：『智果別族于太史爲輔氏。』智果要求與智瑶分族，爲什麼要通過太史呢？這也就因爲世系譜牒都由太史掌管的緣故。宗廟祭祀，祖先的世系是由太史掌管，往後這種世系發展成爲世本類的歷史記載，因之，歷史記載也就由太史掌管。

竹書紀年是戰國時期魏國史官作的。是編年體，記夏以來的事（史記魏世家集解引和嶠云：『紀年起自皇帝，終於魏之今王。』此據杜預春秋後序及晋書束晳傳）。自夏到西周，都只記王室的事；自晋殤叔以後記晋事；晋滅，記魏事。其記魏之前的事，當是因晋史官記載之舊。其記夏、商、周三代的事根據什麼，現在已無從得知。西周以前的編年史現在也已看不到。但竹書紀年必定是有所根據的。司馬遷説：

『余讀諜記，黄帝以來皆有年數。稽其歷譜諜，終始五德之傳，古文咸不同乖異。』（史記三代世表序）

從這幾句話看，司馬遷是曾看到過記自黄帝到西周的歷史記載的。這些記載都有自黄帝以來的年數。司馬遷作史記所以不採用這些材料，是因爲這些記載與『終始五德』之說不合，與『古文』不同。這實際就是與他自己對古代歷史的看法不同。司馬遷是儒家的觀點。他寫五帝本紀及夏、商、周本紀，都是根據儒家所傳的五帝德 帝繫姓以及尚書 詩經的。對於其他的記載，他都認爲『文不雅馴』，因而不用。竹書紀年按年代的順序記載了西周以前的王室大事，司馬遷也曾見到過記載黃帝以來有年數的譜牒，則西周以前已有編年體的歷史記載，似屬可能。即使這種記載還是很簡略的，體例也是不完善的。現在我們看到的先秦歷史記載，春秋是編年體。秦紀司馬遷據之以作史記 秦本紀，當也是編年體。這兩部歷史書都是從東周初期就開始記載的。史記 秦本紀說，秦文公十三年（公元前七五三年）『初有史紀事』。這距離周平王東遷（公元前七七〇年）只有十八年。春秋始於魯隱公元年（公元前七二二年），距離周平王東遷也只有四十九年。這兩部書的編年體決不是這時才開始新創的，必定也是因襲或模仿前人的。這也可以推知西周以前當已有編年體的歷史記載了。

這種編年體的歷史記載是怎樣起源的，我們現在已不能知道。殷墟卜辭已記有日、月。晚期的卜辭則更記年。殷代銅器銘辭也已記年。由此可知殷人已知道事情發生的時間須要記載。殷王每天都卜，每事都卜。卜辭所記的事是很廣泛的。自殷王的活動如出行、田獵，有無禍福以至國家大事如祭祀、年歲豐歉和征伐戰爭都有記載。幾乎不啻是殷王的起居注和國家的大事記。又如卜辭記載殷王遠征『人方』，詳細地記載他往來的日期和歷程，幾乎和穆天子傳差不多。我們疑這可能就是編年體歷史記載的濫觴。編年體的歷史記載是按年、月、日先後順次記載歷史事實的。其所記載的内容實際也必和卜辭所記的大致相同。因爲卜辭所記的都是殷王的活動和國家大事，歷史記載也不外乎這些。只是歷史記載可能只選擇其重要的記載而已。我們從竹書紀年秦紀和春秋記事的形式看，它們記事都是很簡單的，只是一條一條的事。這與卜辭也很相似。我們不是説卜辭就是編年史，也不是説編年史起於卜辭。這只是説從内容和形式看，編年史與卜辭有相同和相似之處。我國古代的編年史不是由一人或後人編纂的，而是史官在事情發生時即時記載的。如崔杼殺齊簡公，齊國的太史立刻就書『崔杼弑其君』。殷代殷王的活動和國家大事都要占卜。這些活動和國家大事，按其發生的時間隨時記載下來便成爲編年史了。殷王的活動和國家大事是由太史占卜，并由他們刻爲卜辭。換句話説，殷王的活動和國家大事都有太史參加，由他們記載。因此，編年體的歷史記載由太史掌管，我們推想，原因或即在於此。

收録於《中國古代史論叢》第一輯，福建人民出版社一九八一年版。

釋尹

説文云：『尹，治也，从又丿，握事者也。』近代王國維謂『尹』字是象手持筆之形。他説：『尹字从又持丨，象筆形。説文所載尹之古文作，雖傳寫譌舛，未可盡信，然其下猶爲筆

形，可互證也。持中爲史，持筆爲尹。」（觀堂集林卷六釋史）。

這兩種解釋，我們覺得，都難信從。『尹』字甲骨文作『』，不是从『丿』。説文以『丿』表示『握事』也顯是臆度。王氏謂『尹』字是象持筆之形，也不正確。甲骨文『筆』字都作『』，間或有作『』者。『𦘒』字所从之『聿』也作『』，字形與『尹』字不同。只有『』和『尹』微有相似。但『尹』字不論甲骨文或金文，所从作之『丨』從不見有作『』者。可知『尹』字所从之『丨』必不是筆。『』字偶有作『』者，『丨』只是『』之省寫。王氏舉説文『尹』字的古文『』爲證。不論甲骨文或金文，『尹』字從不見有這種形狀的。這必是譌誤，不足爲據。王氏説『持中者爲史，持筆者爲尹』。這也是不符合事實的想象之辭。若如王氏之説，則在『尹』字創造以前，統治階級的官員便都已用有知識，有文化，能提筆作文的充任了。換句話説，在『尹』字創造以前必就已有專門從事讀書，從而充任統治階級官員的階層出現了，否則，『持筆者爲尹』這種觀念是不會産生的。『尹』字甲骨文就已有了。商初有伊尹。伊尹也見於卜辭。若如王氏之説，則夏代統治階級的官員就已都用能讀書，有文化的人充任了。這恐與歷史事實不合。王氏之説顯然是不合理的。我們覺得，研究我國的古文字，必須要顧及歷史。文字是社會的産物，它反映當時實際社會生活。研究我國古文字，不顧及當時的歷史，解釋不符合當時的歷史事實，決不可能得到正確的結論。我國舊時的文字學者很少注意到這一點。

『尹』字字形和『父』及『君』字相近。我以爲『尹』字和『父』及『君』字是一系的字。『尹』字是由『父』字推衍創造的。

『父』字甲骨文作『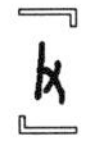』，『尹』字甲骨文作『』，二字字形極相近，只是直畫一向上，一向下而已。其造字的構意必也相近。說文云：『父，矩也，家長，率教者。从又舉杖。』許慎的意思蓋謂父是家長，『从又舉杖』是表示父親持棍棒鞭撲以教育家中子弟。按金文『父』字作『』，顯不象『从又舉杖』。這當是『父』字最初的形狀。甲骨文和篆文作『』，把『丶』改爲一細長的直畫，蓋由於契刻和書寫方便的緣故。說文謂父字『从又舉杖』，乃是由篆文字形而誤解的。『父』字既不是『从又舉杖』，則其本義也必不是『家長率教』。現代學者又有人以爲『丶』是石斧的象形。『石器時代男子持斧以事操作，故孳乳爲父母之父。』此說也難令人首肯。古代文字創造，必定是反映當時社會現實生活的，若如此說，則『父』字石器時代就已創造了。這與歷史唯物主義的理論是不相符的。歷史唯物主義告訴我們，文字的發明是文明時代的標志。這時距離石器時代已很遠了。此時主要的生產工具已不是石器。所以『父』字決不是『象持石斧之形』。還有人説『父』字是象持火炬之形，更是錯誤的。我疑『父』字从又持『丶』，乃是表示父權，即家主。說文有『丶』字，與『父』字所从之『丶』形正相同，疑就是一字。按『丶』與『主』一聲。段玉裁說：『丶、主古今字』，『凡主人，主意字本當作丶，今假主爲丶。』據此，則『丶』就是『主』字的本字。『父』字从『又』从『丶』，可以推測，當是表示家主。

『父』字是象手高舉丨之形，由此可以推知，當『父』字創造的時候，父權必已很高了。從社會發展來説，也一定是如此。

『尹』字字形與『父』字相近，造字時構意略同。我疑『尹』字初義蓋爲族長。卜辭有『族尹』：

『貞，令庸□㞢族尹□㞢友。五月。』（前七・一・四）

『㞢』是方國名。卜辭有『㞢邑』『㞢𠂤』『㞢囗』。

『㞢邑。』（前六・四三・五）

『勿乎取㞢邑。』（林二・八・一）

『□㞢𠂤眔（缺）。』（乙六四三三）

『乙亥卜，□員，叀邑，并令□我于㞢𠂤。二月。』（粹一二一三）

『貞曰：子□至于㞢囗乍火𢦏。勿曰：子□至于㞢囗乍火𢦏。』（乙六六九二）

『㞢邑』『㞢𠂤』很明顯是方國。『囗』字我以爲就是説文之『囗』字。説文云：『囗，回也，象回帀之形。』這乃是象城墻圍繞之形。疑也就是詩長發『帝命式于九圍』之『圍』字的本字。『㞢族』『㞢邑』『㞢𠂤』『㞢囗』當就是一地。『㞢族尹』必就是㞢族的族長。卜辭又有『㞢族尹』：

『丁卯卜，貞，令追啇㞢尹𠙵。』（續五・四・六）

㞢尹古也必就是㞢族的族長。卜辭又有『㞢伯』『㞢侯』。

『壬寅卜，貞，犬令□㞢白（伯）。』（庫方一一〇八）

『戊（缺）㞢侯田□。』（明續二五三）

這也必是㞢族的族長。侯伯當是殷王給予他的封號。

卜辭還有『叏尹』『申尹』。

『甲午貞，乎叏尹于𢆉。』（林一二六·四）

『乙未□貞，申尹歸。』（林二·二六·四）

『叏』也是地名。

『（缺）往于叏。』（前六·三一·五）

『庚寅卜貞，叀叏人令省，在南啚。十月。』（前四·一一·五）

『叏尹』當也就是叏族的族長。『申』學者以爲即『申』字，也即是詩皇矣『串夷載路』之『串』。『申尹』當也即是串夷之族長。

卜辭又有『多尹』。

『乎多尹往由。』（後上二二·五）

『（缺）令多尹。十月。』（後下二九·一一）

這也必是各族的族長。

這裏我想說一說伊尹。關於伊尹的姓名，舊時傳說很紛歧。一說伊尹名伊，尹義爲治。說文云：『伊，殷聖人阿衡，尹治天下者。』一說伊是氏，尹是字。尚書序：『伊尹去亳適夏。』僞孔傳云：『伊尹字氏。』正義云：『伊，氏；尹，字。』一說伊爲氏，尹義爲正。詩長發正義云：『伊，其氏；尹，正也。』一說伊尹名摯。孫子兵法用間篇：『昔殷之興也，伊摯在夏。』墨子尚賢中：『伊摯有莘氏女之私臣。』一說伊尹名阿衡。史記殷本紀：『伊尹名阿衡。』

卜辭對於伊尹也有兩種稱謂：一稱『伊』，一稱『伊尹』。

『癸未貞，又丩伐于伊，其又大乙□。』（後上二二・一）

『乙卯貞，又丩伐于伊。』（明續四九九）

『乙亥貞，又伊尹。』（佚三七四）

『丙寅貞，又丩歲于伊尹。』（後上二二・三）

『癸丑卜，又于伊尹。』（粹一九四）

不論從古代傳說或卜辭看，『伊尹』原意究竟是怎樣，確實很不容易斷定。

近時研究甲骨文的學者，有人根據卜辭伊尹又稱『伊』和叔尸鐘『伊小臣爲輔』，認爲『伊』是伊尹的私名，『尹』是官名（參看陳夢家卜辭綜述第三六三頁）。這與說文之說相近。從卜辭和叔尸鐘銘辭看，『伊』是伊尹的私名似不能不承認是可信的。但『伊』爲私名，『尹』爲官名，二字合在一起成爲人名，便不好講了。伊尹又名摯，他的兒子名伊陟，則『伊』又非是氏不可。若以『伊』爲伊尹的私名，則二者也不免矛盾。如以『伊』爲氏，『尹』爲官名，仍舊難通。

按呂氏春秋本味篇云：

『有侁氏女子採桑，得嬰兒於空桑之中，獻之其君。其君令烰人養之，察其所以然。曰：其母居伊水之上，孕，夢有神告之曰：臼出水而東走，毋顧。明日，視臼出水，告其鄰。東走十里而顧。其邑盡爲水，身因化爲空桑，故命之曰伊尹。』

這段神話固不可信。但據此，伊尹乃是由於生於伊水之上而命名的，也就是因地而得名的（參看俞樾兒笘録）。卜辭有『伊口』和『伊侯』：

『貞，于乙亥（缺）伊口人。』（明續四九七）

『（缺）曰其取伊口人。』（同上）

『戊戌貞，又𢼄于月，伊侯𠙵畓。』（掇二·一三二）

『中𢼄于我伊侯𠙵畓。』（同上）

據此，『伊』確實是地名，是方國名。合卜辭和呂氏春秋來看，伊尹名『伊』可能確是因爲他生於伊而命名的。他又名摯，蓋他有二名。他稱爲伊尹，疑他是伊的族長，或者他佐湯滅夏以後，以功封於伊。他的子孫以『伊』爲氏，乃是以國爲氏。

總之，我們從卜辭看，『尹』字的初義應是族長。爾雅釋言云：『尹，正也。』這乃是引申義。

人類社會最基本的組織是家庭。在父系社會時代，家長是父。家庭發展擴大，便成爲氏族。氏族是由家庭發展來的。氏族的族長也是由家長發展來的。族長和家長二者性質略同。因此，造字時，便將「父」字稍加改變。這樣便成爲「尹」字。

「尹」字孳乳則爲「君」字。「君」字甲骨文作「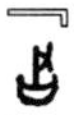」，只在「尹」字下加「」而已。「君」和「尹」二字在古書裏有時通用。隱公二年春秋經：「夏五月辛卯，君氏卒。」公羊和穀梁傳都作「尹氏」。二字實即是一個字。卜辭有「多君」：

「辛未，王卜，（缺）曰：余告多君曰：受（缺）。」（後下二七・一三）

「多君」顯就是「多尹」。「多君」很清楚必是方國的君長。殷代方國的君長由此可知必就是氏族的族長。「君」原是氏族的族長，後世氏族發展成爲國家，於是「君」也引申成爲國家最高統治者的稱號。

尚書多方：「惟爾殷侯尹民，我惟大降爾命，爾罔不知。」「殷侯尹民」，僞孔傳謂「殷之諸侯王民者」。正義謂「諸侯爲民之主，民所取正，故謂之正民」。顯都是曲解。近代學者有人又謂「民」字是「氏」字之誤，也是臆説。我以爲「尹」字就是「君」字。「殷侯尹民」即「殷侯君民」，文從字順，毫不費解。

「尹」字本義爲族長，引申爲長官之稱。但卜辭所見殷代朝廷長官稱「尹」者却很少。

『丙寅卜，大貞，叀𠙵又保自又尹。十二月。』（後下一三・二）『又尹』似是官名，但也不可必。

及至周代，情況便有不同了。『尹』增多了，權力地位也很高。詩書有『尹氏』『庶尹』。詩節南山：『尹氏大師，維周之氐。』尚書酒誥：『越在內服，百僚庶尹。』西周銅器銘辭有『尹氏』：

舀壺：『王乎尹氏册令舀。』

克鼎：『王乎尹氏册令膳夫克。』

有『令尹』：

蠡尊：『王册令尹易蠡赤市、幽亢、攸勒。』

有『作册尹』：

伊簋：『王乎令尹封册命伊。』

走簋：『王乎作册尹□□走。』

有『內史尹』：

免簋：『王受作册尹書，卑册令免。』

師兑簋：『王乎內史尹册令師兑。』

有『天尹』：

作册大鼐：『公賞作册大馬，大揚皇天尹大保室。』

這些『尹』都不見於卜辭，當是周代增設的。『尹氏』『令尹』『作册尹』『内史尹』都承王命册命大臣，必都是在周王左右，出納王命的。詩節南山：『尹氏大師，維周之氐，秉國之均，四方是維，天子是毗，俾民不迷。』也足以説明『尹氏』之重要。『大保』稱『天尹』更可以想見其地位之高，權力之大了。

西周時代，有許多朝廷職官都是卜辭所未見者。除上述幾種之外，他如『大師』『司徒』『司馬』『司寇』等都不見於卜辭。這當也都是周代增設的。從這種情況看，西周時代的政治比之殷代確有些不同。西周時代，統治機構的國家組織比之殷代擴大得多了，統治力量也一定加强了。由此似可知西周時代的社會比之殷代必有所改變。

釋王

説文云：『王，天下所歸往也。董仲舒曰：古之造文者，三畫而連其中謂之王。三者天地人也，而參通之者王也。孔子曰：一貫三爲王。』按荀子正論篇云：『天下歸之謂之王。』呂氏春秋下賢篇云：『王也者，天下之往也。』莊公三年穀梁傳云：『其曰王者，民之所歸往也。』韓詩外傳云：『王者何也？曰：往也，天下往之謂之王。』白虎通號篇云：『王者往也，天下所歸往。』

說文是襲用前人之說的。荀子和呂氏春秋的話原只是指統治者中的帝王而說的，和史記范雎列傳『夫擅國之謂王，能利害之謂王，制殺生之威之謂王』一樣，并不是解釋『王』字的字義的。及至韓詩外傳和白虎通乃逐漸用以附會『王』字的字義。這些解釋顯然都是臆說。尤其董仲舒之說更顯而易見的是捏造。這些解釋都是封建統治階級故意美化統治者的帝王，擡高其地位而曲解的。文字學是有階級性的。在我國舊文字學中，站在封建統治階級立場，爲維護封建統治階級利益而曲解文字者很多。

清代以來研究中國古文字的學者對於『王』字有許多不同的解釋。吳大澂說『王』字是象地中有火。他說：『王，大也，盛也。从二、从。，古火字。地中有火，其氣盛也。火盛曰王，德盛亦曰王。』（說文古籀補）羅振玉、王國維等從其說。葉玉森謂象王冠（殷墟書契前編集釋一·一·二片考釋）。孫海波說『象王者肅容而立之形，與立同』（古文聲系）。學者或又謂『王』是象『牡器』（郭沫若：甲骨文字研究釋祖妣）。

這些解釋也都難令人認爲合理。吳大澂謂『王』字象地中有火，是根據金文『王』字的字形爲說的。金文『王』字有作『』形者，『』與金文『』（火）有些相似，因此他便說『王』字是象地中有火。按『王』字作這種形狀乃是殷代晚期到周金文初期的字形，不是最早的字形。根據這種後世經過演變了的字形，解釋『王』字的始義，顯然是南轅北轍。而且謂『火盛曰王，德盛亦曰王』，也是站在封建地主階級的立場，美化封建帝王的臆說和曲解。謂『王』

字是『象王者肅容而立之形』，也是站在封建統治階級的立場，曲解字形。葉玉森説『王』字甲骨文作『□』，是象王冠之形，其有作『□』或『□』者，橫畫象王冠上的玉飾。這更是亂猜了。謂『王』字是象『牡器』，也不免是玄想。

甲骨文『王』字有『□』『□』『□』『□』『□』『王』幾種形狀。此外也還有其他的形狀，但這幾種形狀是最習見，最基本的。這幾種字形不同，乃是因時代前後不同，演變形成的。『□』是武丁和祖庚時代的字形。其他幾種則是祖甲時代以後的字形。祖甲時習見的是『□』『□』兩種，『□』和『王』兩種雖已有了，但還比較少。到了康丁和廩辛以後，則多作『□』『□』『王』了。這個字字形的演變，很明顯，是由『□』變爲『□』，由『□』變爲『□』，由『□』變爲『□』和『王』的。

由『王』字字形的演變看，『□』爲時最早。這應是王字最初的字形。從字形看，『王』字和『土』字字形相近。甲骨文『土』字作『□』『□』，又作『□』（粹一八）和『□』（粹二三）。『□』和『□』與『王』所从之『□』顯然相同。『□』字後來演變作『王』，『□』省變爲一直畫。『□』後演變作『□』或『□』，『□』也省變爲一直畫。二者演變相同。可知『王』所从作之『□』當是『土』字。又『往』字甲骨文作『□』，从『王』从『止』，但也有作『□』和『□』者，从『土』从『止』。『□』字説文作『□』，云：『从止在土上。』可知『王』字所从之『□』確就是土字。『□』乃是『□』（土）上加一横畫而已。

按卜辭『土』字用爲『社』字。說文云：『社，地主也。』國語魯語云：『共工氏之伯九有也，其子曰后土，能平九土，故祀以爲社。』韋昭云：『社，后土之神。』社是土地之神。禮記郊特牲云：

『社，所以神地之道也。地載萬物，天垂象。取財於地，取法於天，是以尊天而親地也。故教民美報焉。』

土地是生長萬物的，是人們生活資料和財富的來源，所以人們崇拜它。這種對土地的崇拜，據傳說，在我國起源很早。魯語說共工之子能平九土，祀以爲社。左傳昭公二十九年也說：『共工氏有子曰句龍，爲后土……后土爲社。』卜辭有『邦社』和『亳社』。殷代確已崇拜土地之神了。對土地的崇拜，可以推想，必定是農業生產已有較高的發展，農業產品已成爲人們主要的生活資料，也即是農業生產已成爲社會經濟基礎以後才出現的。反過來，由此也可以看到，我國早在殷代以前，農業就已成爲主要的生產活動，成爲社會經濟基礎了。『土』字就是『社』字，是土地之神。『王』與『土』是一個字，其義也應相同或相近。我疑『王』字的本義也是地主，即土地所有者。我國古代謂王爲社稷主，又謂『溥天之下，莫非王土』，都說明土地爲王所有。『王』與『社』字義實一樣。所不同者只是王是人，社是神。因爲王與社有人神之分，所以『王』字在『土』上加一横畫以表示區別。

我國古代最高統治者的稱號有帝，有王，有君。這些稱號是怎樣起源的過去都没有明確的記載。我以爲『君』字原就是『尹』字。『尹』字的始義爲族長。氏族發展成爲國家，族長也就成爲國君。『君』的稱號疑即由此演變而來。『王』的稱號疑起於征服，占有土地。在戰争中，征服了敵人，占領了敵人的土地以爲己有，自己成爲土地的所有者，因而稱之爲『王』。『帝』字的本義是什麼，現在還不能確知，疑『帝』乃是部落聯盟的首領。我國古代帝王的稱號是先有帝，後有王。堯舜以前都稱帝。疑他們都是部落聯盟的首領。當時還是原始公社時期，没有國家。迨至有了國家，統治者便稱王。若我們這種推測與歷史事實相去不遠，則『帝』『王』『君』這些稱號之來與社會發展有密切關係。

我國古代最早有王號是始於夏。古稱夏商爲二王。卜辭殷之先祖有王亥、王恒，他們都是夏時的人。由此可知夏代確已有王的稱號了。但另一方面，夏、商兩代的統治者又稱『帝』。古代記載都稱夏、商的統治者爲『帝』。卜辭也有『帝甲』『帝丁』『文武帝』。夏、商兩代的統治者所以稱『王』，又稱『帝』，這當是因爲一方面他們掠奪别人的土地，占爲己有，另一方面是舊時部落聯盟的組織仍舊存在的緣故。他們掠取别人的土地，占爲己有，成爲土地的所有者，所以稱爲『王』。同時，舊時部落聯盟的組織依然保持，他們仍舊是部落聯盟的首領，所以又稱爲『帝』。

我國從夏以後統治者才開始稱王，『王』這個字必定是在有王以後才創造的。换句話説，『王』字一定是夏代以後才創造的。這給我們一個暗示，漢字之創造可能是夏代以後才開始的。

釋生

説文云：『生，進也，象艸木生出土上。』『生』字甲骨文作『生』，確實是象草生長地上之形。此字的本義當是生長。

卜辭『生』字有幾種用法。

『其隻（獲）生鹿。』（粹九五一）

『癸酉卜，（缺）㞢生豕。』（拾掇三一一）

『乙巳（缺）來己（缺）生羊，（缺）己（缺）。』（中大二）

『生鹿』『生豕』『生羊』顯就是活鹿、活豕、活羊。此處『生』當爲生死之生。

卜辭有『生月』『生旬』『生夕』。

『辛未卜，爭貞，王于生七月入于商。』（前二·一·二）

『（缺）貞，王生七月入。』（寧滬三·九〇）

『（缺）㱿貞，生七月，王入于（缺）。』（同上）

『（缺）卜，㱿貞，生七月，王勿衣，入。』（同上）

『甲戌卜，㱿貞，王于生七月入（缺）。』（同上）

「（缺）爻貞，王勿生七月入于商。」（續三·一四·六）

「貞，王于生八月入于商。」（佚）

「貞，生十三月，帚好不其來。」（林一·二〇·一一）

「于生月乙巳㚔。」（續六·二〇·五）

「生」過去學者釋「之」，「生月」是指本月。「生」釋「之」自是錯誤的。「生月」也不是本月。

「生月」實是指下一個月。卜辭：

「丁亥卜，王出，今五月。」（庫方九八三）

「[丁]亥卜，王于生月出。」（同上）

這裏「今月」和「生月」對舉，可知「生月」必不是本月。此處「生月」必是指下月。這是卜王出行的，是五月卜的。卜的結果，「王于生月出」，即下月出行，又卜辭：

「庚寅卜，今生一月，方其亦告。」（甲三〇六六）

這裏，「今生」連文，也可知「生月」必不是本月。卜辭有云「今來」某日的。如：

「貞，今來乙未（缺）。」（明續二七一）

「庚申貞，今來甲子，酒。王大御于大甲，尞六十小宰，卯九牛，不冓雨。」（明續四三二）

卜辭「今來」某日都是指下旬或以後的某日的。「今生一月」語例與「今來」某日一樣。由此也可以推知『生月』當是指下月。卜辭：

『弗及今三月㞢（有）事。』（甲二〇九）

『乙亥卜，生四月妹㞢事。』（同上）

這裏說『今三月』『生四月』，更足證『生月』必定是指下一個月。

『乙丑卜，賓貞，卓往。六月。』（前一，四六·五）

『丙辰卜，賓貞，于生八月酒。』（同上）

這是同版的兩條卜辭。丙辰在乙丑後四十日。乙丑在六月，丙辰必不在六月。這必是七月丙辰日卜。七月丙辰卜，而謂八月爲『生八月』，也可證『生月』是指下一個月。

卜辭：

『癸酉卜，我貞，生旬亡囚。』（京津三〇〇四）

卜辭癸日卜『旬亡禍』，都是卜下旬有無禍的。此云『生旬亡囚』，『生旬』顯然是指下旬。

卜辭：

『癸未卜，（缺）丝夕又大雨。』（後下一八·一二）

『于生夕又大雨。』（同上）

『丝夕至生夕又大雨。』（庫方九九八）

這裏『丝夕』與『生夕』對舉，又說『丝夕至生夕』，『生夕』必也是指次夕。

由上所述，『生月』『生旬』『生夕』是指下月、下旬、次夕，必無可疑。

卜辭對於時間，凡是現在的都稱今或茲。如今歲、今月、今日、茲夕。對於未來的，年稱『來歲』。日在一旬以內者稱『翌』，在一旬以外者稱『來』。未來月、旬和夕，如上所述，下月、下旬和次夕都稱『生』。再往後稱什麼，卜辭未見，不知稱什麼。對於過去的時間，日稱『昔』。過去年、月、旬如何稱謂，卜辭也未見。

卜辭又有『桒生』和『多生』。

『癸未卜，貞，其桒生于高妣丙。』（前一・三三・三，佚一九六）

『癸未貞，桒生于先妣庚。』（師友一・一七二）

『辛巳貞，其桒生于妣庚，妣丙，牡，𦍋，白豕。』（粹三九六）

『（缺）貞，其桒生于[妣]庚，妣丙，（缺）𦍋，豕。』（同上）

『辛巳貞，其桒生于妣庚，妣丙，十牛，羊，百豕。』（拾遺一・一六）

『戊辰貞，其桒生于妣庚，妣丙。在祖丁宗卜。』（同上）

『（缺）卯貞，其桒于祖母妣己。』（後上二六・六）

『（缺）來庚子，酒，桒生，至于多父。』（佚七六）

『（缺）卜，即（缺）祖辛歲，（缺）多生。』（明續三四七）

『（缺）多生射。』（明續一九四）

『𡈼生』『多生』確切的意思是什麼學者很少解釋。『𡈼生』學者或謂『當是求生育之事』（殷契粹編三九六片考釋），或又謂是『求子之祭』（楊樹達：卜辭瑣記），但都没説明。

按『生』古與『姓』爲一字。禮記曲禮和禮記喪大記鄭玄注都云：『姓之言生也。』漢書田蚡傳師古注云：『姓，生也。』金文『百姓』都作『百生』。卜辭『𡈼生』『多生』之『生』我以爲當就是『姓』，也即是『姓』字的初文。『姓』字舊時訓釋不一。一説是子。廣雅釋詁云：『姓，子也。』一説是孫。詩麟之趾：『麟之定，振振公姓。』朱熹集傳云：『公姓，公孫也。』王引之又謂『姓爲子孫之通稱』（經義述聞卷五振振公姓條）。

在我國古代文獻中，『姓』實有子及子孫之通稱兩種含義。昭公四年左傳：『问其姓，對曰：余子長矣。』杜預云：『问其姓，问有子否。』列子説符篇：『秦穆公謂伯樂曰：子之年長矣，子姓有可使求馬者乎？伯樂對曰：臣之子皆下才也。』『姓』顯都是指子。詩殷武：『以保我後生。』鄭玄云：『以此全守我子孫。』左傳昭公三十二年：『三後之姓，於今爲庶。』國語越語：『凡我父兄昆弟及國子姓。』禮記喪大記：『始卒……既正尸，子坐於東方，卿大夫父兄子姓立於東方。』『大夫之喪，主人，室老，子姓皆食粥。』『士之喪，主人父兄子姓皆坐於東方，主婦，姑姊妹子姓皆坐於西方。』鄭玄并云：『子姓謂子孫也。』𦅫鎛：『用旂壽考毋死，保虞兄弟……保虞子性。』這些『姓』都是泛指子孫後代。漢書儒林傳：『丁姓子孫。』師古云：『姓丁名姓，字子孫。』這更明白地説『姓』是子孫了。

卜辭『生』字也有子和子孫兩種字義。卜辭：

『丁酉卜，賓貞，帚好㞢（有）受生。王固曰：㞢受生。』（師友一·八〇·八一）

此處『生』義必是子。這是卜問帚好有没有兒子的。『㞢受生』和『受㞢生』語例相近。『受生』意當爲上帝授與的兒子。『㞢受生』當是説帚好將有上帝所授與的兒子，也就是説上帝將授與帚好兒子。上舉『桒』的卜辭也必是求子的。『其桒生于妣庚、妣丙』，是説向妣庚和妣丙求子。由這些卜辭看，殷代對於男孩和後嗣已很重視。

卜辭：

『叀多生鄉。叀多子。』（新獲一九七）

這是兩條對貞的卜辭。這與左傳昭公四年『问其生，對曰：吾子長矣』語氣似乎是一樣，『生』似是指子。按卜辭有『多子族』。

『貞，令多子族眔犬侯口周，古王事。』（纂五三八）

『令多子族比犬眔亩䒤古王事。』（前五·七·七）

『多子族』必不是殷王的兒子。『多子』既不是殷王的兒子，則此處『多生』也必不是殷王的兒子。這必是泛指王室子孫。卜辭『多生』疑都是泛指子孫。

卜辭稱下月、下旬和次夕爲『生月』『生旬』和『生夕』，以後的月、旬和夕便不稱『生月』『生旬』和『生夕』。由此例推，在人的子孫方面『生』也當是指緊接着的一代。疑『生』

最初是指子，以後語言演變，引申爲子孫之通稱。猶如子和孫原是指第二代和第三代，後來演變爲後代之通稱一樣。

『生』字的字義既已明白，則『百姓』名稱的起源和『百姓』的身份也就可以了解。『百姓』的名稱不見于卜辭。但西周初年就已有了。尚書酒誥：『越百姓里居。』臣辰盉：『王令士上眔史叓殷于成周，𧻚百姓豚，眔商卣鬯貝。』『百生』就是『百姓』。『生』（姓）是子孫，『百姓』最初意必爲衆子孫。禮記曲禮：『納女於天子，曰備百姓。』鄭玄云：『姓之言生也。天子皇后以下百二十人，廣子姓也。』更足知『百姓』就是衆子孫。又善鼎：『用作宗室寶障，唯用妥福，唬前文人，秉德共屯。余用各我宗子雩百生。』『百生』與『宗子』對舉，也可證『百姓』就是衆子孫。『百姓』最初是衆子孫，可知他們的身份必定是貴族。禮記郊特牲：『大廟之命，戒百姓也。』鄭玄云：『百姓王之親也。』『百姓』是『王之親』，更顯然是貴族。『百姓』最初是王的衆子孫，往後年代既久，後代的親屬關係逐漸疏遠，他們的身份也就逐漸下降，喪失了貴族的地位而與平民相同。於是『百姓』也便逐漸變爲平民的通稱。

『百姓』意又爲百官。國語楚語：『百姓、千品、萬官、億醜、兆民經入畡數以奉之。』韋昭云：『百姓，百官受姓氏也。』『百姓』原爲王之衆子孫，其又爲百官，這當是因爲當時百官都是由王公子弟，也即是貴族充任的緣故。國語楚語云：『王曰：所謂百姓，千品、萬官、億醜、兆民經入畡者何也？對曰：民之徹官百。王公之子弟之質能言能聽徹其官者，而物賜之姓，以監其官，是爲百姓。』這更很清楚地説明百官是由王公之子弟充任。因爲百官是由王公之子弟充任，所以百官也稱爲『百姓』。

釋微昏

甲骨文有『□』字。這個字商承祚謂疑是『祭』字（見殷墟文字類編）。于省吾謂是『[幾皿]』字（見雙劍誃殷契駢枝續編）。李亞農釋『衅』字（見殷契摭佚續編）。楊樹達謂是説文『妻』字古文所从之『□』，即『貴』字（見積微居甲文説）。從卜辭看，這些解釋都難令人首肯。

在卜辭中，這個字的用法有個特點，大多與上甲相連。

『（缺）自上甲□。』（甲七二四）

『甲寅貞，其又㞢伐自上甲□。』（珠六三〇，寧滬一·一五一）

『癸未卜，自上甲□又伐。』（明續五二四）

『丁酉卜，自上甲□用尸。』（明續五二五）

『（缺）午貞，丁未，酒自上甲□。』（明續五二七）

『乙亥貞，又㞢伐自上甲□至父丁。』（甲六九〇）

『乙亥貞，又㞢伐自上甲□至父丁，于乙（缺）。』（粹九九）

『丁卯貞，⿱丗吕羌其用自上甲朩至于父丁。』（摭續二）

『丁卯卜貞，𠦪年自上甲朩六示牛，小示朩羊。』（甲七一二）

『乙酉（缺）自上甲朩至于多（缺）。』（甲八四一）

『（缺）辰貞，（缺）大卸自上甲朩至多（缺）。』（綜述附商氏攝影）

如果『朩』是『祭』『𢦏』或『𤘮』字，這些卜辭便很難講得通。爲什麼只對上甲舉行這種祭祀，對其他的先公先王不用這種祭法呢？這種解釋語法上也講不過去。『其又彳伐自上甲朩』，『又』『彳』『伐』都是祭名，如『朩』也是祭名，爲什麼不説『又彳伐朩自上甲』，而總是把『朩』放在上甲的後面呢？由此可知，『朩』必不是祭祀之名，更不是『祭』『𢦏』或『𤘮』字。卜辭這個字總是與上甲相連，而且總是在上甲的後面，這必與上甲有關。我以爲當就是上甲的私名『微』字的本字。

卜辭有云：

『其朩㠯小示。』

『甲申貞，王米于□㠯祖乙。』

『庚寅貞，王米于囧㠯祖乙。』（粹二二七）

這是同版的三條卜辭，語例是一樣的。『㠯』義爲及。尚書湯誥：『予一人有罪，無以爾萬方。』墨子兼愛下作『無及爾萬方。』吕氏春秋順民篇及論衡感虛篇都作『無及萬夫』。可知『㠯』

義與『及』相同。『冋呂祖乙』即『冋及祖乙』。冋當是殷先王之名，是哪一個王，現在難以知道。由此類推，『𡴁呂小示』也必是『𡴁』及『小示』。『𡴁』也必是人名。這也可以佐證『𡴁』當是上甲的私名。小示我以爲是湯。過去學者解爲小宗，實不正確。

『𡴁』是上甲的私名，是『微』字的本字，則上列卜辭便可以暢通無礙。『又彳伐自上甲𡴁』，就是對上甲微以下的祖先舉行『又彳伐』之祭。『又彳伐自上甲𡴁至父丁』，就是對上甲微以下至父丁的歷代祖先舉行『又彳伐』之祭。『𠦪年自上甲𡴁六示』，就是向上甲微以下六代——上甲、匚乙、匚丙、匚丁、示壬、示癸——祈年。

又卜辭：

『甲申卜，酒𠦪自上甲十示又二，牛；小示𡴁羊。』（續存上一七八五）

『丁未貞，𠦪年自上甲六示，牛，小示𡴁羊。』（明續四五七）

『丁未貞，其大卸自上甲六示：㞢用白犬九，三示𡴁牛。在父丁宗。』（摭續六四）

此處『𡴁』于省吾謂是用牲之名。楊樹達謂假爲『叀』。我以爲可以釋『嬍』。『嬍』古用爲『美』字。周禮大司徒：『以本俗六安萬民，一曰嬍宮室。』『𡴁羊』『𡴁牛』意蓋爲美羊、美牛。

說文云：『微，隱行也，从彳𢼸聲。』又云：『𢼸，妙也，从人从攴豈省聲。』按『微』字石鼓文作『𢕟』，『𢼸』字石鼓文作『𢼷』。甲骨文也有『𢼷』字，學者釋『𢼸』。『𡴁』字與『微』『𢼸』形不同，顯不是一字。上甲蓋原名『𡴁』，後世假用『微』字。

甲骨文又有『□』字。

『甲申卜，賓貞，王□大示。』（前三·二二·三）

『貞，□王自上甲□大示。十二月。』（前三·二二·四）

『貞，□王自上甲□大示。』（誠明一六）

此字楊樹達釋『湄』。上甲湄就是上甲微。『眉』和『微』古音相同，可以通用。這個字卜辭用法和『□』字一樣，都是在上甲的後面。『王□』和『王亥』『王亙』語例也相同，它是上甲的私名似無可疑。『大示』也就是上甲。卜辭之『大示』『元示』都是指上甲。大示、元示意蓋爲始祖。有人謂『大示』爲大宗，實是錯的。『王□大示』是説王□始祖。『□王自上甲□大示。』是説御祭自上甲□始祖以下諸王。卜辭有王亥、王亙，據此，上甲及上甲以後之匚、匸、匸、示壬、示癸等當也都已稱王。商之稱王不是從湯開始。

『□』我疑是天問『昬微遵跡』的『昬』字的本字。『昬』字从日民聲。『民』字金文作『□』，形與『□』相近。因此，後世譌誤以『民』爲『□』。

天問：『昬微遵跡，有狄不寧。』這句話舊時學者不得其解，及至王國維始考『昬微』就是上甲微（見殷卜辭中所見先公先王考）。但王氏只説了『昬微即是上甲』，『昬』字何義没有解釋。近時學者對這個字有幾種解釋。劉盼遂謂『昬』上甲之字（見天問校箋）。劉永濟謂『昬本作勳』，『昬』『勳』古通用。上甲稱『昬微』，是因爲他有功（見屈賦通箋）。陳夢家謂『昬』

『微』是兩個人。『昏』與『冥』古音相同，『昏』就是『冥』。他根據天問，認爲上甲以前的商先公世系是季、該、恒、昏，而不是如史記殷本紀所説的冥、振、微（見卜辭綜述）。從卜辭看，劉盼遂之説是比較正確的。上甲蓋有昏和微二名。卜辭湯有『成』和『唐』二名，上甲也有二名，不爲無理。湯後世稱『成湯』，顯是合『成』和『唐』二名的。上甲稱『昏微』，蓋也和湯一樣，是合『昏』和『微』二名的。

釋毓

甲骨文有『』字，王國維釋『後』。謂就是説文『育』字的或體『毓』字，是象産子之形。後世譌變成爲『後』字。因此字是『象倒子在人後，故引申爲先後之後，又引申爲繼體之君』（殷卜辭中所見先公先王續考）。有不少人都信從此説。卜辭『毓祖丁』『毓祖乙』也都寫作『後祖丁』『後祖乙』。

這個字是『毓』字，其本義是産子，甚確。周禮大司徒：『以蕃鳥獸，以毓草木。』鄭玄云：『毓，生也。』國語晋語：『怨亂毓災，毓災滅姓。』韋昭云：『毓，生也。』又卜辭：『（缺）辰王卜，在貞，妾毓，㚤。王固曰：吉。在三月。』（前二·一一·三）『妾毓』，『毓』義非是生育不可。『毓』字本義是生育，是象産子之形，必無可疑。説文『毓』

爲『育』字的或體。『育』實是『毓』之省變。

但王氏謂此字爲『後』字，義爲先後之『後』，又引申爲繼體之君，則不正確。婦人分娩，不能説是『子在人後』。王氏謂此字是『象倒子在人後』，顯不合理。而且字形『象倒子在人後』也不能引申爲先後之後。因爲語言裏詞義的引申決不是由文字的字形引申的。再者，字義引申，字音是不會改變的。『後』字與『毓』字聲音完全不同。這也可見『毓』必不能釋『後』。至謂『毓』字變爲『後』字及由先後之後引申爲繼體之君，都不免臆説。

在古書裏『毓』字義又爲稚。廣雅釋詁云：『毓，稚也。』詩谷風：『昔育恐育鞫。』鄭玄云：『育，稚也。』三國時，鍾毓猶字稚叔。我疑『毓』也就是『幺』『幼』二字的初文。説文云：『幺，小也，象子初生之形。』『幺』象子初生之形與『毓』字所从之『倒子』正相同。『幺』義爲小與『毓』義爲稚也相同。疑『幺』乃是『毓』字之省。説文云：『幼，少也，从幺力。』爾雅釋言云：『幼，稚也。』『幼』从『幺』作，義與『幺』『毓』相同，音也相近，疑也是一字之變。『幼』是『幺』加『力』而已。

『毓』字始義爲生育，其義爲幼稚乃是引申。這蓋因『毓』本義爲生育，從而初生之子也稱爲『毓』。由初生子又引申爲幼小。

卜辭『毓祖丁』和『毓祖乙』，『毓』我以爲也應訓小。『毓祖丁』就是小丁，也即是祖丁。『毓祖乙』就是小乙。小乙卜辭又稱他爲『小祖乙』和『毓乙』。

「癸巳卜，即貞，翌乙未，其又于小祖乙。」（續一・一五・八）

「（缺）卜，旅貞，（缺）夕毓乙。」（庫方一三八九）

可知「毓」義必爲小。

卜辭又有「毓祖」。

「于高祖桒又勻，于毓祖桒又勻。」（粹四〇一）

「毓祖」與「高祖」對舉，也足知「毓」義當爲小。但從哪一代起稱「毓祖」，很難確指。卜辭稱高祖者有「高祖夒」「高祖沔」「高祖亥」「高祖乙」。「高祖乙」學者謂是祖辛之父祖乙。卜辭先妣有「高妣丙」「高妣己」「高妣庚」。妣丙是湯之配。妣己、妣庚都是祖乙之配。祖乙之配都是稱高妣，則祖乙也稱高祖。「高祖乙」是祖乙，可信。祖乙以上稱高祖，則稱「毓祖」者最早不得過祖辛。但卜辭稱「毓」者只有「毓祖丁」和「毓祖乙」，不見「毓祖辛」。卜辭稱「毓祖丁」者有兩種情況：一是祖甲時卜辭，如：

「（缺）即（缺）毓祖丁（缺）十月。」（粹二九五）

一是廩辛、康丁時的卜辭，如：

「丙午卜，允貞，羽大丁，其又彳歲□毓祖丁。」（甲二五〇二）

「（缺）炇（缺）祖乙，其古毓祖丁，王（缺）。」（甲一八三五）

從祖甲上溯，祖丁爲曾祖，祖辛則爲高祖。疑殷代已五世以上稱高祖。曾祖和祖父兩代稱「毓祖』。所以祖甲時之卜辭稱『毓祖』者只有祖丁和小乙，而没有祖辛。廩辛、康丁時卜辭之『毓祖丁』疑是指武丁。廩辛、康丁時卜辭有『毓妣辛』。

『庚戌卜，宂貞，翌辛，其又毓妣辛鄉。』（佚二六六）

『庚寅卜，王貞，翌辛卯，其又毓妣辛。』（纂六三）

妣辛是武丁之配。武丁之配稱『毓妣』，則武丁也必稱『毓祖』。

卜辭又有『五毓』。

『（缺）丑，㞢于五毓。』（前一·三〇·五）

『庚子卜，其㞢于五毓，宰。』（庫方一五四二）

『五毓』何所指很難知道。『㞢』字是武丁、祖庚時的字體，前一辭同版有『王』字作『[illegible]』，也是武丁和祖庚時的字體。前一辭同版又有『母辛』。這是祖庚或祖甲稱武丁之配的。後一辭同版有卜人『兄』。『兄』是祖庚時的卜人。這兩條當都是祖庚時的卜辭。我們説『毓祖』是指曾祖和祖父兩代的。自祖丁到小乙正是五代。因此，我們疑『五毓』即是指祖丁、陽甲、盤庚、小辛、小乙五人。

『毓』確也有後嗣義。尚書堯典作『教胄子』，史記五帝本紀作『教穉子』，説文作『教育子』。按銅器有吕中僕爵，銘辭云：『吕中僕作毓子寶隮彝。』（三代吉金文存卷一四，第四十頁）。由此可知『教育子』是正確的。堯典最初必是作『毓子』。『胄子』『穉子』都是後世改的。『胄子』僞孔傳謂是長子。王引之謂是幼子（經義述聞 教育子條）。僞孔傳是根據長子繼承而言的。王引之則是根據史記作『教穉子』而言的。我認爲『胄』『育』義都爲後嗣。説文云：『胄，胤也。』又云：『胤，子孫相承繼也。』國語 魯語：『夫宗廟之有昭穆也，以次世之長幼等胄之親疏也。』韋昭云：『胄，後也。』。『胄』義爲後嗣。尚書 盤庚：『我乃劓殄滅之無遺育。』『育』義也顯爲後嗣。銅器有豦彝，銘辭云：『豦拜稽首休毓君公白易氒臣叔豦丹五……』（三代吉金文存卷六，第五十二頁）『毓君』顯也爲嗣君。『毓』義爲後嗣當是由幼引申的。卜辭有『多毓』。如：

『癸丑卜，□貞，王賓又自上甲至于多毓衣，亡尤。』（前二・二五・二）

『辛巳卜，貞，王賓上甲叙至于多毓衣，亡尤。』（前二・二五・二）

疑『毓』義也是後嗣。這是説祭祀自上甲以至後嗣諸王。

釋禽獸

甲骨文『』字學者釋『禽』（孫詒讓契文舉例），或又釋『畢』（增訂殷墟書契考釋），或又謂是『𠦒』字。

這個字我以爲釋『禽』『畢』或『𠦒』都是正確的。這都是一個字的演變孳乳。

「禽」字金文作「□」或「□」，从「毕」作。在卜辭裏，「毕」義也爲擒獲。如：

「甲子卜，逐麋，毕。」（粹九五九）

「乙丑卜，逐麋，毕。」（同上）

「（缺）㱿貞，今日我其獸。（缺）獸，隻毕鹿五十有六。」（前四・八・一）

「毕」是「禽」字的初文，無可置疑。「禽」字是由「毕」孳乳的。

「毕」字字形與説文「𠦒」字相似，學者釋「𠦒」，疑也是正確的。説文云：「𠦒，箕屬，所以推棄之器也，象形。」按説文又云：「籓，大箕也，从竹潘聲。一曰蔽也。」廣雅釋詁云：「籓，羅箕也。」「籓」和「𠦒」聲音字義都相同，當即是一物。疑「𠦒」即「籓」字的本字。「籓」是後起的形聲字。説文又有「藩」字云：「藩，屏也。」「藩」義爲屏與「籓」義爲蔽相同。段玉裁云：「籓與藩音義皆同。」（説文解字「藩」字注）是「藩」與「籓」當也就是一個字，只是一作「竹」頭，一作「艸」頭而已。説文又有「棥」字，云：「棥，藩也，从爻从林。詩曰：營營青蠅止於棥。」詩青蠅傳云：「樊，藩也。」又詩東方未明：「折柳樊圃。」傳云：「樊，藩也。」論衡商蟲篇引詩作「營營青蠅止於藩。」「樊」與「藩」也音義相同，且可以通用，「樊」與「藩」當也是一物。由此推測，「𠦒」與「籓」「藩」「樊」當都就是一物。「𠦒」必就是藩籬。「𠦒」當就是藩籬的本字。「籓」「藩」是後造的形聲字。「棥」是後造的會意字。棥又孳乳爲「樊」。又按「離」字从「离」，與「禽」字从「离」一樣。由此也可以推知「毕」

當是藩籬。

說文云：『箄，藩落也。』『箄』與『藩』同義，可知『[字形]』當也就是『箄』。

『[字形]』就是『藩』『藩』『棥』和『箄』，就是籬笆。這個字蓋是象用樹木做成藩籬，田獵時用以攔獸，阻其逃逸。用藩籬攔捕野獸，故義爲擒，又引申爲屏蔽。其義爲箕，當是別一義。

甲骨文『[字形]』字，學者釋『獸』，即古『狩』字。卜辭：

『貞，王獸于乂。』（前一·四四·二）

『貞，王獸。勿獸。』（前六·二六·五）

『獸，隻鹿。』（粹九五四）

『庚戌卜，辛亥，王出獸。』（粹一〇〇九）

『獸』義都爲狩獵。這是『狩』字的本字。但這個字最初造字時構意怎樣，也就是這個字的字形應該怎樣解釋，過去學者似猶未得其真實。舊釋或謂這個字是从『單』从『犬』，『單』是『戰』省。『古者以田狩習戰陣，故字从戰省；以犬助田狩，故字从犬。』（增訂殷墟書契考釋）或又謂是『从犬从[字形]，乃象捕獸器，其形似叉，有幹。[字形]象叉上附著之銛鋒，似鏃，□在叉下，蓋以繫捕獲之物者』。（葉玉森殷契鉤沉及殷墟書契前編集釋）

按這個字甲骨文有『[字形]』『[字形]』『[字形]』『[字形]』等形。在這幾種字形中，『[字形]』是最簡單的。這必是『獸』字最早的字形。此字最初必是从『[字形]』从『犬』。其或从『[字形]』或『[字形]』或『[字形]』，乃是後來增加一些筆畫。『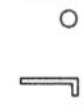』就是『干』字。『干』字金文作『』或『』，形與『』顯然相同，只略加筆畫而已。『干』是兵器，此字从『干』从『犬』，初意當是用『干』這種兵器，并携獵犬田獵。這個字甲骨文又有作『』者（前四·八·一），从『干』从『豕』，這當是表示用『干』這種兵器獵捕野猪。『獸』原是會意字，後世用『狩』，乃是後造的形聲字。

『禽』『獸』始義都是田獵，後世以之稱鳥獸，乃是引申，即狩獵所得之物也稱爲禽獸。爾雅釋鳥：『二足而羽謂之禽，四足而毛謂之獸。』我國古代似没有這種區别。説文云：『禽，走獸之總名也。』可知我國古代走獸也稱禽。左傳宣公十二年：『晋人逐之，左右角之。樂伯左射馬而右射人，角不能進。矢一而已。麋興於前，射麋麗龜。晋鮑癸當其後，使攝叔奉麋獻焉。曰：以歲之非時，獻禽之未至，敢膳諸從者。』又禮記曲禮：『鸚鵡能言，不離飛鳥；猩猩能言，不離禽獸。』

麋、猩猩都稱禽，更足證古代禽不是指飛鳥。論衡物勢篇十二屬：鼠，牛，虎，兔，龍，蛇，馬，羊，猴，鷄，犬，豕，稱十二禽。後漢時代，禽獸之稱似還没有分開，禽獸之稱何時分開，現已不能確指，疑當在後漢以後。從這一點看來，爾雅釋鳥成書的時代似不能不令人懷疑。

釋校

甲骨文有『』字。這個字學者釋『斆』，即『學』字（甲骨文編）。但從卜辭看，這個字釋『斆』，多扞格難通。

『丙子卜，多子其征，，不冓雨。』（林二・二五・九）

『庚寅卜，貞，王其，不冓雨。』（寧滬三・九五）

『辛亥（缺）貞，王其衣，不冓雨。之日，王，允衣，不冓雨。』（續存下一二六）

『』若釋『斆』，這些卜辭便都講不過去。

我以爲這個字蓋是校獵之『校』字的初文。説文云：『校，木囚也。』徐鍇云：『校者連木也。易曰：何校滅耳，此桎也；屨校滅趾，梏也。又漢書，校獵謂連接木以闌獸。』按漢書成帝紀：『行幸長楊宫，從胡客大校獵。』師古云：『此校謂以木自相貫穿爲闌耳。校人職云：六廄成校，是則以遮闌爲義也。校獵者大爲闌以遮禽獸而獵取也。』漢書趙充國傳：『部曲相保。爲塹壘木樵，校聯不絶。』師古云：『此校謂用木自相貫穿以爲固者，亦猶周易荷校滅耳。周禮校人掌王馬之政。六廄成校，蓋用關械闌養馬也。』説文解字云：校，木囚也。亦謂以木相貫遮闌禽獸也。今云校聯不絶，言營壘相次。』又漢書揚雄傳師古注云：『校獵謂圍守禽獸而大獵也。』據此，可知校獵乃是用木爲闌，遮攔圍捕野獸。從字形看，『〓』象木交叉，蓋即象以木爲闌之形。

這個字釋『校』，義也可通。上舉卜辭『多子其延〓，〓，不冓雨』，是說多子前往校獵不遇雨。『王其校，不冓雨』，是說王前去校獵不遇雨。『王其衣，不冓雨。之日，王〓，允衣，不冓雨。』『衣』是圍獵之『圍』字的本字。這是說王前往圍獵不遇雨。是日，王去校獵，圍獵果然不遇雨。又卜辭：

『丁巳卜，㱿貞，王〓衆于〓方，受㞢（有）又。』（乙綴一六〇）

『丁巳卜，㱿貞，王〓衆〓方，弗受㞢又。』（同上）

『〓衆』，『〓』似更非是『校』不可。這是說王前往〓方校閱衆人。

『校』字本義蓋爲校獵，是象用木連貫爲闌，遮捕野獸。因爲關馬的馬廄也是用木爲欄，所以引申爲馬廄，所謂『六廄成校』。養馬的人也就稱爲校人。

甲骨文又有『爻』字。學者以爲即說文之『爻』字。說文云：『爻，交也，象易六爻頭交也。』卜辭『爻』與『〓』可以通用。如『〓戊』又作『爻戊』。又卜辭：

『丙寅卜，〓貞，羽丁卯，王其爻，不冓雨。』（燕五〇一）

這和上舉『王其〓，不冓雨』，語例完全一樣。『爻』與『〓』應即是一字，也即是『校』字。『爻』當是象用木交叉爲闌之形。易之卦爻乃是引申。

釋衣

説文云：『衣，依也，上曰衣，下曰常，象覆二人形。』

這顯然是説不過去的。兩個人合著一件衣服，是決不會有的事。清代研究説文的學者看到這種解釋不合理，不少人曾作過新的解釋，但也多不免迂曲附會。甲骨文也有『衣』字，作『[illegible]』。但研究甲骨文的學者對這個字也還沒有正確的解釋。這個字的字形和本義確實不容易了解。

在卜辭中，『衣』字有兩種用法：一是祭祀。

『癸丑卜，□貞，王賓自上甲至于多毓衣，亡尤。』（前二・二五・二）

『辛巳卜貞，王賓上甲𠬝至于多毓衣，亡尤。』（前二・二五・五）

『癸巳卜貞，酒，多日自上甲至于多毓衣，亡壱在畎。在四月，隹王二祀。』（前二・二七・七）

孫詒讓、王國維等都謂『衣』讀爲『殷』。不論『衣』是否讀爲『殷』，『衣』這種用法，其本義是什麼還不能推知。

『衣』還有一種用法：

『戊申卜，在[illegible]，貞，王田，衣逐亡（缺）。』（前二・一一・六）

『壬寅卜，在琘，貞，王田，衣逐亡巛。』（同上）
『辛酉卜，在𦎫，貞，王田，衣逐亡巛。』（前二·一五·一）
『辛巳卜，在𦎫，貞，王田，衣逐亡巛。』（前二·四三·一）
『戊午卜，在呈，貞，王田，衣逐亡巛。』（前二·一五·一）
『戊寅卜，在高，貞，王田，衣逐亡巛。』（前二·一二·三）
『辛未（缺）盂（缺），衣（缺）亡巛。』（前二·三一·六）
『戊辰（缺），在噩，王田，衣（缺）。』（前二·四一·五）
『戊午卜貞，王其田，衣逐亡𡿧。』（甲一五四九）
『庚申卜，在□，貞，王其田。衣逐亡𡿧。』（甲三九二八）

這都是田獵的卜辭。這些卜辭，舊以『田衣』連讀，謂『衣』是地名（殷墟書契考釋）。因爲孫詒讓、王國維謂『衣』讀爲『殷』。郭沫若以爲『衣』就是沁陽的殷城。他在卜辭通纂序和六六一片考釋中最早提出衣是殷。他這種説法實際上是錯的。他是誤解了卜辭，也就是他的根據是虛構的。卜辭根本就没有以『衣』爲地名的，更没有以『衣』爲殷商之殷的。西周金文也没有稱殷爲衣的。很多學者多信而不疑。有人更謂『衣』是田獵區（見卜辭綜述）。

這些解釋實都值得懷疑。這裏『衣』實不能釋爲地名。若釋爲地名，這些卜辭便都難解釋得合理。這裏㺩、琘、𦎫、呈、高、盂、噩等地都是殷王卜問時所在的地方。如『衣』是地名，則應是當時殷王田獵，先在這些地方停憩。在這些地方卜問以後，再往『衣』去田獵。我們不禁要問：如果『衣』是地名，是殷王常去田獵的地方，又是殷所以得名之地，依理其地似不應是個完全荒蕪不可居之所，至少也應該有些房舍建築以供田獵停憩之用，爲什麽殷王每次前往田獵，從不見他在那裏止憩，而總是不憚煩地從許多不同的地方前往呢？這在事理上似不能不令人懷疑。

以『衣』爲地名，主要的根據有兩點，一是『田衣』連讀，一是下面的一條卜辭：

『戊辰卜，在噩，貞，王田于衣。』（簠六三五，前二·四一·五）

『田衣』連讀，『衣』便應爲地名。

『王田于衣』，則『衣』更非是地名不可。但查這條卜辭原文實不是如此。原辭云：

『戊辰（缺）在噩（缺）王田，衣（缺）。』

這原是一條殘缺的卜辭。學者誤以爲『衣』字上有缺文，加上一個『于』字。同時又把其他的卜辭『田衣』二字連讀，這樣『衣』便成了地名了。我們從語例與此相同的卜辭看，『衣』字上都沒有『于』字。『衣』字上既沒有『于』字，則『衣』就不能確定是地名。

此處『衣』實不是地名。**𤤴**、琘、𦎫、呈、高、盂、噩等地都是殷王常往田獵的地方，是卜辭習見的。上列卜辭所記的也就是在這些地方田獵。并不是先在這些地方停憩卜問，然後再往『衣』去田獵。這些卜辭的讀法應是這樣：『王田』『王其田』斷句，『衣逐』連讀。這樣句讀，這些卜辭辭意便無扞格，在卜辭裏，『衣』實没有一個是地名的，也不能讀爲『殷』。

在這裏，『衣』不是地名，其字義便可以推測。這裏『衣』顯不能訓爲衣服。這些都是田獵的卜辭，『衣』又與『逐』連文，其義必與田獵逐捕禽獸有關。

我疑『衣』字本義蓋爲圍。按『衣』和『殷』『郼』古通用。尚書康誥：『殪戎殷』，中庸作『殪戎衣』。『殷』呂氏春秋慎大覽和呂氏春秋慎勢篇作『郼』。高誘云：『郼讀如衣。今兗州人謂殷氏皆曰衣。』按『郼』就是『韋』字。後世以『韋』是地名，又加『邑』旁。學者早有人指出『韋』就是『圍』字的初文。『韋』甲骨文作『』或『』，象人繞城而走之形，也就是象圍城之意。後世加『口』作『圍』。史記曹相國世家：『從漢王出臨晉關，至河内，下修武，渡圍津。』索隱云：『顧氏按水經注白馬津有韋鄉，韋津城，圍與韋同，古今字變爾。』更足證『韋』就是『圍』。『衣』與『韋』通用，疑不僅由於二字音相同或相近，也由於二字義相近。

還有一點也可以推見『衣』『韋』二字義相近。在語言裏有『依違』一語。『依違』就是『衣韋』。説文云：『衣，依也。』又云：『韋，相背也。』『韋』義爲相背和違背義相同。『依』字从『人』，『違』字从『辵』當都是後加的。『依違』意爲不定。『依違』何以意爲不定呢？疑就源於這兩個字本義相近。這兩個字音義相近，差别很微，可以通用。用這兩字時，可用『衣』，可用『韋』，難以確定。因此『不定』就以『衣韋』爲喻。猶之後世考慮用『推敲』爲喻一樣。

以後逐漸就變爲成語。後世語言演變引申，又以同意爲『依』『韙』及『愇』，不同意爲『違』。説文訓『韋』爲相背，疑就是這樣引申的。

『衣』字義爲圍，卜辭便可以解釋無礙。『衣逐』就是圍逐。這是説殷王田獵，圍逐禽獸。

又卜辭：

『貞，不其衣。貞，其雨。七月。』（鐵一二·二）

『冓雨，克衣。五月。』（零二二）

『貞，衣入，不冓雨。』（京津三二〇九）

『乙□卜，犾貞，王其衣，入，亡巛。』（甲三九一四）

『壬申卜，犾貞，王其田，衣，亡巛，若。』（同上）

『辛亥（缺）貞，王其田，衣，不冓雨。之日，王（校），允衣，不冓雨。』（續存下一二六）

這許多『衣』字訓圍獵也都可通。『衣入，不冓雨』『王其衣，入亡巛』，是説王圍獵，回來不遇雨，無災。『之日，王校，允衣，不冓雨』，是説是日王校獵，圍捕禽獸，不遇雨。

我疑『衣』字的始義就是圍獵，是象張網捕獸之形。『衣』字甲骨文作『』，甲骨文有『』字，或又作『』『』『』等形。這個字字形和『衣』字很相似。學者有人認爲與『衣』即是一個字。這個字在卜辭裏用法也和『衣』相近。如：

『貞，勿□，入。勿□，入。』（徵田六・三）

『乙亥卜，□貞，生七月，王勿□，入戠。』（前四・六・三）

這和『王其衣，入，亡災』『衣，入，不冓雨』語例很相近。又：

『乙卯卜，貞，□弜□𠬝。在三月。』（佚三二〇）

『己巳卜，□貞，侯告爯册，王[比]□□。』（粹一三二五）

『□』字訓圍也可通。『𠬝』是俘虜，『□𠬝』是說圍捕俘虜。第二辭語例與『沚戠爯册，王比伐𢀛方』一樣。侯告是人名。『□』是國名。『王』下泐一字，當是『比』字。『比』乃是『偕』字的初文。這是說王偕侯告圍□。『□』字和『衣』字字形相似，用法和字義又都略同，這兩個字即使不是一個字，其所表示的字義也必大致相近。『□』字从『□』或『□』。這和『□』（其）、『□』（禽）、『□』（網）等字相近似，疑也是與『□』『□』相類似的獵具。『□』疑就是象張網和驅獸入網之形。『衣』字和『□』形義相近，當也是象張網或其一類的獵具捕獸之形。『衣』字本義蓋就是張網圍獵。其作衣裳之『衣』乃是引申或假借。後世引申或假借義行，本義遂晦莫能知。『衣』字的本義是圍獵，『韋』字的本義是圍城，這兩個字字義極相近。後人不知這種區別，所以通用。

釋措

甲骨文「□」字學者釋「耤」，是「象人持耒耜而操作之形」（郭沫若釋耤）。很多人都信從此說。耒耜是我國古代最主要的農業生産工具。有人就根據這個字認爲耒耜便是象這個字所从作之「□」的形狀。

這個字釋「耤」是可以的，但也不完全正確。謂是「象人持耒耜而操作之形」，則是不可信的。

我以爲這個字乃是「措」「簎」「矠」字的初文。說文云：「簎，刺也，籍省聲。」周禮曰：「簎魚鼈。」淮南子繆稱訓：「虎豹之文來射，猨狖之捷來措。」高誘云：「措，刺也。」國語魯語：「矠魚鼈以爲夏犒。」韋昭云：「矠，擨也，擨刺魚鼈以爲犒儲也。」「簎」「措」「矠」三個字字義相同，我以爲這三個字原即是一個字，後因文字演變，增加不同的偏旁，又或因引申，字義不同，乃成爲不同的字。周禮鼈人注云：「簎謂以杈刺泥中搏取之。」這個字的始義實爲以杈刺物。說文云：「矠，矛屬。」這也就是杈。這是因爲兵器之杈和農器之杈以及捕魚之杈形狀略同，所以同名。「矠」字从「矛」，乃因爲是兵器後加的。

「□」我以爲就是象人持杈之形。此字所从之「□」乃是象兩齒杈之形，不是耒耜。此字又作『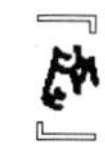』（乙七三六九）或『』（京都七〇五）。所从之『』及『』很明顯是象兩齒杈的形狀。

這個字釋『耤』也是正確的。『耤』與『措』字也是一字之變。這兩個字在古書中可以通用。墨子節用上：『其使民勞，其籍斂厚。』墨子非樂上：『將必厚措斂乎萬民以爲大鐘鳴鼓琴瑟竽笙之聲。古者聖王亦嘗厚措斂乎萬民以爲舟車。』『措斂』顯就是『籍斂』。列子仲尼篇云：『長幼群聚而爲牢籍。』張湛云：『籍本作籍。』莊子應帝王：『虎豹之文來田，猨狙之便，執斄之狗來藉。』淮南子繆稱訓：『虎豹之文來射，猨狖之捷來措。』『來藉』顯就是『來措』。詩韓奕：『實墉實壑，實畝實藉。』『藉』與『壑』爲韻，聲音也與『措』相同。由此可知，『耤』與『措』必原一字。說文云：『耤，从耒昔聲。』按『籍』字漢簡作『藉』（居延漢簡四五A）、『藉』（一〇五八）、『藉』（一〇六二）、『藉』（九九）等形，都不从『耒』。『耤』初實不从『耒』作。這個字字形的演變蓋是這樣：此字甲骨文作『』，或『』，是象人操杈之形，金文作『』，是加『昔』表聲。隸變時，因所从之『』難以寫定，於是或作『』，或作『手』，或作『丰』。因爲它有耕義，後來又寫成从『耒』。又因爲用手持杈，所以又或寫成从『手』。『籍』『矠』『藉』『籍』都是後世孳乳的，也就是增加不同的偏旁。又由於引申假借，字義有所不同，於是便成爲不同的字。

在古書裏，从『昔』作的字有的又从『乍』作，或者與从『乍』作的字通用。

『昔』『昨』，玉篇云：『昔，昨也。』莊子齊物論：『是今日適越而昔至也。』釋文云：『向云：昔者昨日之謂也。』

『斮』『作』爾雅釋器：『肉曰脫之，魚曰斮之。』禮記內則：『肉曰脫之，魚曰作之。』

『齰』『齚』『咋』玄應一切經音義：『齚，古文齰，又作咋同。』（大般涅槃經卷三十八）

『措』『乍』淮南子繆稱訓：『猨狖之捷來措。』淮南子說林訓：『猨狖之便來乍。』

『措』『笮』史記燕召公世家：『燕北迫蠻貉，內措齊魯。』風俗通義皇霸篇：『燕外迫蠻貊，內笮齊魯。』

『籍』『措』『作』墨子節用上：『其使民勞，其籍斂厚。』墨子非樂上：『將必厚措斂乎萬民以爲大鐘鳴鼓琴瑟竽笙之聲。』墨子辭過篇：『民所苦者非此也，苦於厚作斂於百姓。』

『籍』『胙』戰國策齊策：『昔先君所好者九合諸侯，一匡天下，天子受籍。』『受籍』即『授胙』。

這當是因爲『昔』與『乍』聲音相同，原來以『昔』爲聲旁的後世改用『乍』爲聲旁，或者假用『乍』聲的字，或者創造一個以『乍』爲聲旁的字代替舊字。

詩皇矣：『作之屏之，其菑其翳。』詩載芟：『載芟載柞。』周禮柞氏：『掌攻草木及林麓。』朱熹詩集傳云：『作，拔起也。』詩載芟傳云：『除木曰柞。』清代王念孫謂『作』『柞』『有斬削之義』（經義述聞）。馬瑞辰謂『作』『柞』都是『槎』字的假借字，說文云：『槎，衺斫也。』

（毛詩傳箋通釋）這些解釋顯都只是從詩意推測的，未得其究竟。從這個字演變的歷史來看，『作』和『柞』都應讀爲『措』。『作』『柞』和『措』乃是同一個詞，『措』是本字，『作』和『柞』都是後世假借的。『作之屏之』『載芟載柞』，『作』和『柞』都當用『措』字的本義，訓以杈掘土耕種爲是。『柞』有斫除草木之義乃是引申。

釋⿱双夶

甲骨文有『□』字。這個字學者或釋『麗』（徐中舒耒耜考）。或以爲不識。（甲骨文編列於附録）這個字古書不見。在卜辭裏都只是地名，也不能推知其字義。這究竟是個什麼字確很難知道。

按金文有『□』字。和『□』顯就是一個字，只是一从三『又』三『犬』，一从二『又』二『犬』而已。這個字甲骨文又有作『□』者，从一『又』二『犬』。金文又有作『□』者，从二『又』三『犬』，這都是繁簡不同而已。

這個字宋代學者釋『協』。秦公鐘：

『帥秉明德，叡敷明刑，虔敬朕祀，㠯受多福，□龢萬民。』

『□龢萬民』與尚書堯典『協和萬邦』語例完全一樣。宋代學者釋『⿱双夶』爲『協』，即據此爲說。者濿鐘：『于我霝，卑龢卑孚。』『』也可以推知義必爲協合、和協。又尚書無逸：『自朝至于日中昃，不皇暇食，用咸和萬民。』『咸和萬民』與『龢萬民』語例也完全一樣。『咸』即說文之『諴』字，說文云：『諴，和也。』『』由此也可知有和義。這個字義與『協』相同是正確的。但逕釋爲『協』字也不恰當。『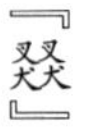』和『協』字形顯然不同。甲骨文這兩個字都有，必不是一個字。我疑堯典『協和萬邦』之『協』最初也作『』，後世因『協』與『』相同故又假用『協』。

這個字學者或以爲是从二『耒』三『犬』。古代或用犬曳耒耕田，把它寫作『』。這是不正確的。我國古代不聞曾用犬耕田。犬也决没有這樣大的力量，能够曳犂耕田。這個字實不从二『耒』。這個字甲骨文有作『』者（燕七一八）。『』很清楚不象耒的形狀。這很象兩齒杈。我以爲此字實是从二杈二犬，應寫作『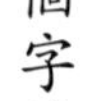』。這個字的本義疑爲田獵，是表示二人或更多的人一道持杈携犬田獵。許多人一道田獵，大家合力，故引申爲協合、協和。這與『劦』字本義爲多人合力耕作，引申爲協合、協和一樣。

這個字我疑是『翕』『歙』字的本字。說文云：『翕，起也，从羽合聲。』古書『翕』多訓合或和。爾雅釋詁云：『翕，合也。』玉篇云：『翕，合也。』詩常棣：『兄弟既翕，和樂且湛。』傳云：『翕，合也。』夏小正云：『翕也者合也。』鹽鐵論大論篇：『順風承意之士，如編口張而不歙，舉舌而不下。』『歙』義也爲合。漢書楊惲傳：『宫殿之内，翕然同聲。』『翕』義爲和。

秦公鐘：『⿱⿲叉叉叉猋龢萬民。』堯典：『協和萬邦』，史記五帝本紀作『合和萬邦』。『⿱⿲叉叉叉猋』也必有合義，與『翕』相同。淮南子主術訓：『桀之力制觡伸鉤，索鐵歙金。』高誘云：『歙讀協。』可見『翕』『歙』與『協』不僅義同，音也相同。與『⿱⿲叉叉叉猋』當也音義皆同。説文謂『翕』是『从羽合聲』，是個形聲字。若如説文之説，則『羽』是表義的，『合』是表聲的。『羽』如何能有合義呢？説文謂『翕』義爲起，但此義古書不見。段玉裁解釋此字云：『釋詁毛傳皆云「翕合也」。許云起也者，但言合則不見起，言起而合在其中矣。翕从合者鳥將起必斂翼也。』這顯然也是曲解。這個字形與義不相應，我以爲這個字是後起字，是譌變來的。這個字實是以『合』表義。這與秦公鐘『⿱⿲叉叉叉猋和』，史記作『合和』一樣。這個字本字是『⿱⿲叉叉叉猋』字。因『⿱⿲叉叉叉猋』有合義，後來改用『合』，表義。从『羽』乃是譌誤的。這蓋因『⿱⿲叉叉叉猋』字形很奇怪，難以寫定。所从之『』形與『羽』相近，因誤以爲『羽』字。『翕』又孳乳爲『歙』及『闟』。説文形聲字有不少都不符合形聲字造字的原則。這類字大多都是在演變中形成的。這只有研究其演變的歷史才能明白。

釋夲圉

甲骨文有『』字，又作『』。這個字學者或釋『執』（葉玉森殷墟書契前編集釋）。或釋『夲』（郭沫若殷契粹編一一六三片考釋）。此字釋『夲』，甚是。但這個字本義是什麼還難以

解釋。説文云：『牵，所以驚人也，从大从羊。一曰大聲也。一曰讀若瓠。一曰俗語以盗不止爲牵，讀若籋。』考之卜辭。説文所説的這幾種字義無一相合。

這個字卜辭多用於戰争。

『貞，戠啓王，其牵𢀛方。』（林二・八・一三）

『貞，我弗其牵𢀛方。』（珠一七一）

『乙酉卜，[glyph]貞，往復从臬牵𢀛方，□月。』（前五・一三・六）

『（缺）□牵羌，隻廿㞢五[glyph]。』（後下三八・七）

『丁丑（缺）牵羌。』（京津一二八二）

『丙子，月[glyph]□正牵羌。』（續存下二九八）

『乙亥卜，牵[glyph]。乙亥卜，弗牵[glyph]。』（摭續一四二）

『雀弗其牵缶。』（中大九一）

『辛未卜，王牵凋。』（粹一一九一）

『（缺）牵舟（缺）。』（庫方四九四）

從這些卜辭看，『牵』有攻擊之義。『牵羌』『牵[glyph]』『牵𢀛方』意爲攻羌、攻[glyph]、攻𢀛方，甚爲明顯。『凋』學者謂是國族名。卜辭：『（缺）未卜，貞，己巳，王𦎫凋。二月。』（粹一二九三）。『𦎫凋』就是敦伐凋。『牵凋』也必就是擊凋。『缶』也是國族名。卜辭：『□□卜，㱿貞，翌乙丑，多臣𢦏缶。（缺）勿其𢦏缶。』（乙綴一七四）『卒缶』就是攻擊缶。『舟』也是國族名。卜辭：『□辰卜，賓貞，舟㞢（有）年。』（甲三四三〇）國語楚語云：『禿姓之舟人，則周滅之矣。』卜辭之『舟』可能就是楚語之『舟』。『卒舟』當也是擊舟。

這個字有攻擊之義。我疑是撻伐之『撻』字的初字。甲骨文有『敎』字，作『』『』。這個字説文沒有，玉篇有。玉篇云：『敎古撻字，或作達。』玄應一切經音義大般涅槃經（卷十一）云：『撻古文敎同，他達切，箠也。』廣雅云：『撻，擊也。』據此，『敎』應就是『撻』字的初字。『敎』『達』『撻』應就是一字。金文有『敎』和『盭』二字。史頌鼎：

『王在宗周，令史頌𢔶穌，灋友里君，百生，帥𩏂敎于成周。』

史頌簋：

『王在宗周，令史頌𢔶穌，灋友里君，百生，帥𩏂盭于成周。』

這是同一人之器，同時所作，銘辭完全一樣，一作『敎』，一作『盭』，二字字義完全相同，必也是一字。從辭意看，『敎』和『盭』義必都是到達，和『達』義相同。説文云：『盭，引擊也。』『盭』義爲擊，與『敎』『達』『撻』義爲擊相同，與『卒』義也相同。『卒』『敎』『盭』『達』蓋一字之演變。

卜辭：

『壬午卜，賓貞，□不□卒多臣往羌。』（粹一一六九）

此處『卒』訓撻伐不可通。意蓋謂鞭撻。『卒多臣往羌』，是說鞭策多臣往羌。

又卜辭：

『癸巳卜，賓貞，臣卒，王固曰，吉。隹丁亥既卒。貞，臣不其卒。』（乙二〇九三，乙綴九五）

這裏『卒』義蓋爲達。這是卜問臣到達不到達。

甲骨文又有『』字，从『卒』从『止』。這個字葉玉森釋『⿱敎足』，謂『象械其趾』（殷墟書契前編集釋三・三二・六片考釋）。學者多認爲不識。這個字在卜辭中用法和『卒』字略同。我以爲當就是『達』字的初文。卜辭：

『其⿱㚔止羌。貞，亡不若，不⿱㚔止羌。』（乙綴一三五）

『貞，龍亡不若，不⿱㚔止羌。』（同上）

『⿱㚔止羌』和『卒羌』語例一樣，『⿱㚔止』義也當是擊，和『卒』義相同。又卜辭：

『辛亥卜，𡆥貞，追，不⿱㚔止。』（師友一・四二）

此處『⿱㚔止』義必爲到達。這是說追沒有追及。玉篇云：『撻或作達』，疑『⿱㚔止』就是『達』字。『達』是由『⿱㚔止』演變的。古从『止』作的字後世往往變爲从『辵』作。如甲骨文『』字後世演變爲『廷』。『近』字說文謂古文作『岓』。我疑『敎』『⿱㚔止』都是『卒』字的異構。『敎』从『攴』乃是表示擊的意思；『⿱㚔止』从『止』則是表示前進的意思，和『武』字从『止』一樣。

『㚔』字義爲撻伐，然則何以其義爲撻伐呢？這個字很清楚是個象形字，從字形上看不出它何以義爲撻伐。不僅這個字何以義爲撻伐不知道，所象的是什麼也難以明白。學者或謂此字『其兩端有鋒，可以操作，當是鉞之初文』（殷契粹編一一六三片考釋）。或又説是刑具（見甲骨文編及胡厚宣殷代舌方考）。這些解釋都難信。從字形看，『㚔』實不象鉞形狀。以『㚔』爲刑具，是由『執』字推測的。説文云：『執，捕罪人也。』『執』義爲捕罪人，所以『㚔』當是械擊罪人的刑具。按『執』字始義是否爲捕罪人是可疑的。以『㚔』爲刑具，卜辭辭意也都難説得通。

殷器戊辰彝有一圖形作『』，這個圖形的上端正作『』形。由此我疑『』可能就是『』，『』乃是『』之省略。如我這種推想合乎事實，則這個字便可以得到比較可通的解釋。從字形可以看出『』當是旗幟。『』和『丫』（㫃）相似，雖不必就是㫃，當也是同類的東西。從這個圖形看，這是三個人同扶持着『』，可以推知，這當是一面大旗。我疑這是軍旗。戰爭時，軍隊必有旗幟。古代戰爭，以旗鼓指揮進退。因之，出兵攻伐就用旗幟來表示。疑㚔義爲撻伐即由此而來。『㚔』義又爲到達，蓋是假借。

从『㚔』作的字有『圉』字。這個字甲骨文作『』。説文云：

『圉，囹圉，所以拘辠人也，从囗㚔。一曰：圉，垂也。一曰：圉人，掌馬者。』

段玉裁云：『㚔爲罪人，囗爲拘之，故其字作圉。』現代研究甲骨文的學者也多認爲此字是象拘人於囹圉之中。這種解釋實是不正確的。『圉』義爲囹圉實不是它的始義。

按『圉』有抵禦之義。墨子節用上：

『其爲衣裘何以爲？冬以圉寒，夏以圉暑。……其爲宮室何以爲？冬以圉風寒，夏以圉暑雨。』

墨子節用中：

『然則爲宮室之法將奈何哉？子墨子言曰：其旁可以圉風寒，上可以圉雪霜雨露。』

莊子繕性篇：

『寄之其來不可圉，其去不可止。』

管子霸言篇：

『精於刑，則大國之地可奪，彊國之兵可圉也。』

漢書地理志淮陽國有圉縣。水經注渠水云：『魯溝水又東南逕圉縣故城北。縣苦楚難，修其干戈，以圉其患，故曰圉也。』由此更可知『圉』義爲抵禦。『圉』義又爲守。『圉』與『圄』是一個字。『囹圉』又作『囹圄』。說文云：『圄，守之也。』淮南子主術訓：『瘖者可使守圉，而不可使言也。』我以爲『圉』字本義蓋爲守禦。此字从『羍』从『囗』。『羍』是軍旗，表示軍隊。『囗』即說文之『囗』字。說文云：『囗，回也，象回帀之形。』『囗』實就是城，象城墻環繞之形。『圉』是象軍隊在城內守禦之意。

「圉」字本義爲守禦，其義爲邊垂和拘罪人之囹圉都是引申義。禦敵防守多在邊境，所以引申爲邊垂。爾雅釋言舍人注云：「圉，拒邊垂也」，就説明了「圉」義爲邊垂是由在邊境拒敵引申的。

「圉」義又爲禁止。爾雅釋言云：「禦、圉，禁也。」

「圉」義爲禁止也是由守禦引申的。抵禦敵人，有制止之意，所以引申爲禁止。管子七法爲兵之數云：

「收天下之豪傑，有天下之駿雄，故舉之如飛鳥，動之如雷電，發之如風雨，莫當其前，莫害其後，獨出獨入，莫敢禁圉。」

此處「禁圉」顯有抵禦之意。「圉」義爲禁止是由抵禦引申的，更由此可見。

「圉」義爲拘禁罪人的囹圉，蓋是由禁止引申的。詛楚文：「拘圉其叔父，寘者（諸）冥室。」「拘圉」意顯爲拘禁。

「囹圉」之「圉」古書又多用「圄」。如月令「省囹圄」。「圄」和「圉」實即是一個字。「圉」是本字，「圄」乃是後世改用「吾」表聲的。

甲骨文又有「圂」字。這個字王襄、葉玉森都謂與「圉」爲一字。（王説見簠室徵文及殷契類纂。葉説見殷墟書契前編集釋一・九・二片考釋)。卜辭：

『貞，𡈼巨。二月。』(簠雜八，續五・三五・七)

『(缺)五日丁未，在𦎧，𡈼羌。』(前六・一七・四)

從這兩條卜辭看，『𡈼』即是『圉』，是可信的。『𡈼巨』『𡈼羌』意顯是禦巨、禦羌。又卜辭：

『羍羌，屮(有)𡈼。』(鐵七六・一)

『(缺)西乎(缺)弋𡍮(缺)屮(有)𡈼二人。』(簠雜六〇)

這裏『𡈼』仍可以釋『圉』。『𡈼』在此義蓋爲拘圉，即捕獲。『羍羌，有𡈼』，是説擊羌有捕獲。『有𡈼二人』，是説捕獲二人。從字形看，『𡈼』从『口』从『執』。『執』當是象持旗幟之意。『𡈼』是象人持旗幟在城内，表示軍隊在城内守禦。『圉』乃是『𡈼』之省。

『圉』與『禦』『御』義相同，古書可以通用。『圉』義爲守禦、抵禦，『禦』(御)義也爲守禦、抵禦。『圉』義爲禁止，『禦』(御)義也爲禁止。爾雅釋言云：『禦、圉，禁也。』左傳襄公四年：『匠慶用蒲圃之檟，季孫不御。』杜預云：『御，止也。』左傳昭公六年：

『昔先王議事以制，不爲刑辟，懼民之有爭心也，猶不可禁御。』

鹽鐵論錯幣篇：

『吴鄧錢布天下，故有鑄錢之禁。禁禦之法立而奸僞息。』

漢書賈誼傳：

『淮陽之比大諸侯，僅如黑子之著面，適足以餌大國，不足以有所禁禦。』『禁禦』意顯爲禁止。

禦字卜辭也用爲抵禦。

『己卯卜，王令卸（御）方。』（師友四五）

『□寅卜，賓貞，令多馬羌卸方。』（續五・二五・九）

『□巳卜，王貞，于中商乎卸方。』（佚三四五，續存下三一二，拾零一一一）

『壬午卜，𠂤貞，王執多[illegible]卸方于商。』（後下二四・九）

『（缺）乎卸方于商。』（後下四・一六）

『（缺）㱿貞，乎[illegible]卸羌。』（粹一一六八）

『（缺）㱿貞，乎卸羌。』（同上）

『禦』用爲抵禦當是假借。其義爲禁止，也必是和『圉』一樣，是由抵禦引申的。

甲骨文又有『[illegible]』（執）和『[illegible]』（𢍰）字。葉玉森謂這兩個字和『幸』即是一個字（殷墟書契前編集釋）。卜辭：

『壬午卜，賓貞，□不□幸多臣往羌。』（粹一一六九）

『壬午卜，𠂤貞，王執多[illegible]御方于商。』（後下四二・九）

『貞，勿𢍃多㒳乎見𢀛方，其。』（粹一〇七四，續存下二九一）

這三條卜辭語例差不多，『𠦪』『執』『𢍃』三字的用法也大致相同。在這裏『執』『𢍃』訓撻也可通。這三個字就是一個字是可能的。

『𢍃』和『執』也有抵禦之義。卜辭：

『乙丑卜，㱿貞。于保，𢀛方𢍃。』（簠地五）

這是說于保抵禦𢀛方。

『己巳貞，執井方。弗𠦪。』（粹一一六三）

『（缺）王乎執，其（缺）。』（前八·八·二）

此處『執』義也當爲抵禦。『執井方，弗𠦪』蓋是說抵禦井方，弗加撻伐。『乎執』，蓋是說命令抵禦。鹽鐵論本議篇：

『故興鹽鐵，設酒榷，置均輸，蕃貨長財，以佐助邊費。今議者欲罷之，內空府庫之藏，外乏執備之用。使備塞乘城之士，饑寒於邊，將何以贍之？』

『執備』從文義看，意當爲守備。如此說不誤，則『執』確有守禦之義。『執』義爲撻，又爲守禦。這蓋與『受』有接受、授與二義，『讓』有遜讓、責讓二義一樣。

卜辭『執』又有捕獲之義。

『貞，允隻（獲），余受馬方又。弗執，其受方又，二月。』

『執』與『獲』相對，這與『執訊獲醜』用字一樣，『執』義當也爲捕獲。説文云：『執，捕罪人也。』我以爲『執』義爲捕捉，最初蓋是戰爭時捕捉敵人，而不是捕罪人。卜辭：

『乎逆執。』（簠人五六）

『用執用𠬝。』（續存下二六八）

『執』很明顯必是戰爭時捕獲的俘虜。『用執用𠬝』是以俘虜爲祭祀的犧牲。『執』義爲捕捉，爲被捕的俘虜，也是和『圉』一樣由守禦引申的。

釋魯

甲骨文『魯』字，作『』。于省吾謂『象魚在器皿之上』，義爲嘉。于氏云：

『説文：魯，鈍詞也，从魚白聲。按卜辭魯作，象魚在器皿之上，下不从白，與金文同。佚存五三一：乙丑卜，𡆥貞，帚姘魯于黍年。又六九三：□□卜，王隹正商，允魯。商承祚考釋以魯爲漁而卜，非是。魯旅爲雙聲疊韵字，故相通借。書序嘉禾篇，旅天子之命，旅字史紀周本紀作魯，魯世家作嘉。魯旅均應訓嘉。故魯世家以嘉代詁也。書召誥拜手稽首旅王若公，即嘉王及公也。邢侯簋拜稽首魯天子，即嘉天子，亦猶效父毁休王錫效父貝三之休王也。臣卣，尹其亙萬年受氒永魯。永魯者永嘉永休也。然則，帚姘魯于黍年者，婦姘嘉

于黍年也。允魯者允嘉也。」（雙劍誃殷契駢枝）

按此説不確。卜辭：

「（缺）在圃，魚。」（後上三一・一）

「貞，其雨，在圃，魯。」（後上三一・二）

這兩條卜辭語例辭意完全一樣。「魯」和「魚」顯然就是一字。「魚」又作「魯」乃是增加筆畫。甲骨文往往有加「」作的。如「」或又作「」，「劦」或又作「」。這種筆畫的增加很難説出它有什麽意義。于氏謂「魯」「象在器皿之上」，不免想象。

「帚姘魯于黍年」，「魯」訓「漁」誠屬非是，訓嘉也不正確。于氏以書序嘉禾篇「旅天子之命」，「旅」字史記周本紀作「魯」，魯世家作「嘉」爲證。按史記魯世家：「周公既受命禾，嘉天子命。」集解云：「徐廣曰：嘉一作魯，今書序作旅也。」索隱云：「魯字誤，史意云周公嘉天子命，於文不必作魯。」據此，魯世家「嘉」字原有作「魯」者。周本紀和魯世家同是抄書序的，似不能一作「魯」，一作「嘉」。今書序作「旅」。這是因爲「旅」「魯」聲音相同假用的。由此更可知書序必本作「魯」。魯世家原也必作「魯」，作「嘉」當是後世涉嘉禾之「嘉」致誤的。索隱謂「魯」字誤，是没有懂得「魯」字的字義。魯世家「嘉」字既是「魯」字之誤，則「魯」「旅」不能訓嘉。「嘉」義爲善，有稱許之意。嘉禾篇「旅天子之命」、召誥「旅王若公」、邢侯簋「魯天子」，訓「旅」「魯」爲嘉也都不妥當。僞孔傳訓「旅」爲陳，謂「遂陳成王之命而推美成王』，更是錯的。

『魯』義實爲厚爲多。士父鐘：

『作朕皇考叔氏寶薔鐘，用喜侃皇考。其嚴在上，數數㚇㚇、降余魯多福亡彊。』

井人妄鐘：

『肆用作龢父大薔鐘，用追孝侃前文人。前文人其嚴在上，數數㚇㚇，降余厚多福無彊。』

『降余魯多福亡彊』『降余厚多福無彊』，語例辭意完全一樣，可知『魯』義必與『厚』相同。又茉伯簋：

『用旂屯录，永命魯壽。』

『魯壽』意非爲多壽不可。可知『魯』也必有多義。

銅器銘辭習見『魯休』『魯休令』『魯令』。如克盨：『克敢對揚天子不顯魯休。』無㠱簋：『敢對揚天子魯休令。』㝁簋：『對揚天子魯令。』『休』字過去訓美，或訓慶，或訓福祿。以這些訓釋解釋銅器銘辭，都覺得不十分切當。如師望鼎：『王弗望聖人之後，多蔑曆，易休。』舀鼎：『井叔易舀赤金鐈，舀受休。』獻彝：『在畢公家，受天子休。』如訓『休』爲美或慶或福，這些銘辭便難解釋，至少不貼切，不暢達。我以爲『休』義當爲恩。『休』訓恩，則這些銘辭辭意便非常明白。『易休』就是賜恩。『受休』就是受恩。『受天子休』就是受天子之恩。銅器銘辭每云：『對揚王休』『對揚不顯休』『對揚皇休』『對揚休命』。『休』義也都是恩。『王休』就是王恩。『不顯休』『皇休』就是大恩。『休命』就是恩命。『休』義爲恩，『魯休』即是厚恩。『魯休令』就是恩厚的任命。『魯命』即是厚命。召誥和嘉禾篇之『旅』字，周本紀和邢侯簋之『魯』字義也都爲厚。這都是感謝厚恩之意。卜辭『帚妌魯于黍年』，『魯』義也爲厚，意爲豐厚。這是説帚妌卜黍的年歲豐稔。又卜辭：『丁巳卜，㱿貞，黍田年魯。王固曰：吉，魯。』（乙七七八一，七七八二）這也是卜黍的年歲收成是否豐稔。

『魯』本就是『魚』字，其義爲厚乃是假借義。説文云：『魯，鈍詞也。』『魯』義爲鈍蓋是引申。即由『魯』義爲厚引申的。人質實敦厚稱爲魯。論語云：『參也魯。』人敦厚就不免顯得呆板，因此又引申爲愚鈍。

釋𢓊

卜辭有許多『𢓊雨』『不𢓊雨』『𢓊風』『不𢓊風』『𢓊啓』等語辭。

『貞，今日其𢓊雨。』（粹八四一）

『乙未卜，賓貞，今日其𢓊雨。』（前二·九七·三）

『貞，𢓊雨。』（林二·二七·四）

『庚子卜，貞，今夕𢓊雨。』（續四·一三·六）

『丁巳，小雨，不祉。』

『貞，今夕其雨。今夕不其祉雨。』（綴合二四五）

『戊戌卜，在潢，今日不其祉雨。』（前二·一一·五）

『貞，今丙午，祉雨。今丙午，不其祉雨。』（前三·二〇·三）

『貞，今日其祉風。』（前四·四三·一）

『貞，不其祉風。』（鐵一二〇·二）

『貞，祉啓。』（鐵一〇三·四）

『夕啓。癸巳祉啓。』（鐵一一二·三）

『祉』是什麽字，其義爲何，迄無定説。這個字孫詒讓釋『征』（契文舉例）。王襄、葉玉森釋『延』。『祉雨』王氏謂是『積雨』（簠室徵文天象三六片考釋）。葉氏謂是『雨延長』（殷墟書契前編集釋一·一一·一片考釋）。郭沫若謂是『雨連綿』（殷契粹編七六一片考釋）。胡光煒謂『祉』義爲得，『祉雨』『祉風』即『得雨』『得風』（説文古文考）。楊樹達謂『祉』就是説文『徙』字的或體『祉』字，卜辭假爲『止』（積微居甲文説釋祉）。

從卜辭看，這些解釋都牽强難通。在我國語言裏，風雨不止，可以説風雨連綿，但從不見説『延雨』『延風』的，也不能説風連綿。雨停，風停可以説『雨止』『風止』，也不能説『止雨』『止風』。風雨停止不停止，『止』是自動詞，必須要在主詞的後面，釋『祉雨』『祉風』爲雨止、風止，是不合語法的。尤其『𢓊啓』，訓『𢓊』爲延長、連綿或止，更不可通。說文云：『啓，雨而晝姓也。』『啓』是雨停止，天放晴的意思。『延長晴』『連綿晴』『停止晴』，這樣的話不成辭。在我國語言中，不論古今，都没有的。

這個字究竟應該釋什麼字確實很難確定。從字形看，它與『征』『㢟』『延』『徙』字的或體『𢓊』都很相近，甚至相同。但在卜辭辭義上，這些字幾無一可通。從字形、字義和聲音三方面推考，疑這個字蓋是『㢟』或『延』字，也就是『誕』字的初字，在卜辭裏則用爲『定』。此字訓『定』，卜辭可暢通無礙。『𢓊雨』，是說一定要下雨。『不𢓊雨』是說不一定下雨。『今日其𢓊雨』，是說今天一定要下雨。『今夕𢓊雨』，是說今晚一定要下雨。『丁巳小雨，不𢓊，』是說丁巳日有小雨，但不一定。『今日其𢓊風』，是說今天一定要起風。『不其𢓊風』，是說不一定有風。『𢓊啓』，是說一定放晴。又卜辭：

『（缺）𢆶云，𢓊雨。』（坊間五・四）

『癸卯卜，𢓊雨。允雨。』（坊間一・七）

『𢓊』義似更非是定不可。『𢆶云，𢓊雨』是說有雲了，一定要下雨。『𢓊雨，允雨』是說一定要下雨，後來果然下雨了。

訓『𢓊』爲定，不僅『𢓊雨』『𢓊風』『𢓊啓』等卜辭可以解釋通順，其他的卜辭也可以解釋，没有扞格。

『乙丑卜，王弜祉往田。』（後上三〇，一六）

這是説王不一定前往田獵。

『王其田敺，祉，大吉。』（師友一·一六·二）

這是説王往敺田獵，一定去。

『丙戌卜，貞，令犬祉田于京。』（燕五三）

『犬』楊樹達謂是周禮地官之『迹人』（積微居甲文説釋祉）。按員鼎云：『隹正月既望癸酉，王戰于𧟌。王令員執犬。』我以爲『犬』就是『執犬』，是田獵時携犬尋逐獸的人。『令犬祉田于京』，是説令犬一定往京田獵。

『丁丑卜，𣪘貞，王往立秝，祉比沚戠。』（柏二四）

『比』我以爲是『偕』字的初字。這是説王前往『立秝』，一定偕沚戠同去。

『丁巳貞，翌午祉亡𢦔。』（拾零二四）

這是説次日戊午一定没有灾。

『貞，帚好不祉㞢（有）疾。帚好其祉㞢疾。』（乙綴二七五）

這是卜帚好是否有病。前一辭是説帚好不一定有病，後一辭是説帚好一定有病。這種例子很多，不再列舉。

從上述情況看，『祉』訓『定』完全可通，『祉』義爲定，似無可疑。

釋先

卜辭：

「乙酉卜，[illegible]貞，乎帚好先収人于龐。」（前七・三〇・四）

「乙酉卜，㱿貞，勿乎帚好先于龐収人。」（粹一二二九）

「乎我人先于㥁。勿乎我人先于㥁。」（乙綴二七二）

「□□卜，[illegible]貞。勿乎衆人先于[illegible]。」（京津一〇三〇）

「辛卯卜，㱿貞，勿令望乘先。」（續存下三三三）

「先于進。」（柏五二）

「从向歸，廼先于盂。」（粹一〇六七）

「乙卯貞，王先田。」（粹七七六）

「庚申卜，貞，翌日辛。王其田□、其先[illegible]，不雨。」（京津四四七一）

「（缺）卓先御羌。」（續一・三八・二）

說文云：「先，前進也，从儿之。」從上列卜辭看，「先」字義蓋爲往。「先」義爲往，上列卜辭辭意明白無礙。「乎先収人于龐」「乎先于龐収人」，即命往龐共人。「先于㥁」「先于[illegible]」「先于進』『先于盂』，即往惠、往□、往進、往盂。『先田』即前往田獵。『□先御羌』，即□前往抵御羌人。又卜辭：

『甲戌卜，賓貞，今日先□。翌乙亥用祖乙。』（乙七七六七）

『乙亥卜，貞，王往于□』。（同上）

這兩條卜辭所卜問的是一件事。甲戌日卜問是否當日『先□』，次日乙亥日卜，『王往于□。』一用『先』，一用『往』，『先』義爲往更很明顯。

我以爲『先』字本義就是往。說文訓『先』爲『前進』，就是前往。『先』字甲骨文作『□』或『□』，从『人』从『之』，或从『人』从『止』。『之』義爲往，『止』甲骨文也是表示前行。『先』蓋表示前往之意。

卜辭『先』字已有先後之義。卜辭有『先祖』『先妣』『先子』。

『癸卯，王卜貞，其祀多先祖，余受右。王乩曰，弘吉。隹廿祀。』（續二・三一・六）

『先高祖𤎩酒。』（明續四七一）

『癸未貞，𠦪生于先妣庚。』（師友一・一七二）

『叀兄辛眔先子癸。叀母己眔先子癸。』（粹三四〇）

這乃是由『先』義爲往引申的。在我國語言裏，對於過去稱往、稱前、稱先，都是由前往引申的。

卜辭『先』字還有一種用法。如：

『乙丑卜，出貞，大史工酒，先酒，其㞢匚于，卅牛，七月。』（前四・三四・一）

『先㞢于唐。』（前七・四・三）

『貞，先酒。』（同上）

『丙申卜，即貞，翌丁酉，亩中丁歲先。』（粹二九九）

『庚寅卜，行貞，兄庚歲先日。』（續一・四四・二）

『叀父丁先歲。』（續一・三〇・二）

『叀王亥先又。』（明續四八〇）

『沈先酒。』（明續四二七）

『先』都是祭名，但是什麼意思不甚明瞭。

穆天子傳：

『河宗之子孫鄘柏絮，且逆天子于智之□，先豹皮十，良馬二六。天子使井利受之。』

又：

『河宗柏夭逆天子於燕然之山，勞用束帛加璧，先白口。天子使翏父受之。』

郭璞云：『古者爲禮，皆有以先之。傳曰：先進乘韋。』左傳襄公十九年：

『公享晉六卿於蒲圃。……賄荀偃束錦，加璧乘馬，先吳壽夢之鼎。』

杜預云：『古之獻物，必有以先之。今以璧馬爲鼎之先。』左傳 襄公二十六年：

『鄭伯賞入陳之功。三月甲寅朔，享子展，賜之先路三命之服，先八邑；賜子産次路再命之服，先六邑。子産辭邑。』

杜預云：『以路及命服爲邑先。』左傳 襄公二十六年：

『左師見夫人之步馬者，問之。對曰：君夫人氏也。左師曰：誰爲君夫人？余胡弗知？圉人歸以告夫人。夫人使饋之錦與馬，先之以玉。』

杜預云：『以玉爲錦馬之先。』杜預、郭璞都以『先』爲先後之先。從文義上看，很明顯，這種解釋是非常牽强的。若照這種解釋，則獻物或賜物時必同時獻兩種或賜兩種以上的禮物。這樣才可以以一種禮物爲另一種禮物之先。按呂氏春秋 貴生篇：

『魯君聞顔闔得道之人也，以幣先焉。顔闔守閭，鹿布之衣而自飯牛。』

這裏禮物只有幣一種，無先後之分，若以『先』爲先後之『先』，便不可通。由此可知，杜預和郭璞的解釋都只是望文生義。從上述穆天子傳和左傳文義看，『先』字都有進獻或賜予之意。按左傳 僖公三十三年：秦伐鄭，『及滑，鄭商人弦高將市於周，遇之，以乘韋先牛十二犒師』。淮南子 道應訓述此事云：『鄭賈人弦高矯鄭伯之命，以牛十二勞秦師而賓之。』由此推測，『先』有賓敬之義。

我以爲『先』就是説文的『詵』字。説文云：『詵，致言也，从言从先，先亦聲。』説文

「亦聲」字，聲旁多就是原來的字，後加義旁。如「禮」字，說文云：「从示从豊，豊亦聲。」甲骨文「禮」只作「豊」，「示」是後加的。「從」字說文云：「從，隨行也，从辵，从亦聲。」按「從」甲骨文初只作「从」，後加「彳」旁作「彸」，金文加「辵」作「從」。說文訓「訖」爲「致言」。「訖」義實爲致。說文訓「致言」，乃是解釋从「言」的。「先」義爲致，則上述古書和卜辭便都可以解釋通順。說文云：「致，送詣也。」「先」義爲致，又有賓敬之意，其義當爲敬送、敬奉。「先豹皮十、良馬二六」，是說以豹皮十，良馬二六敬奉給周穆王。「先吳壽夢之鼎」，是說以吳壽夢之鼎送給荀偃。「先八邑」，是說鄭伯以八邑送給子展。「先之以玉」是說以玉送給左師。卜辭之「先」，義也當爲敬奉、敬獻。

釋毌串

甲骨文有「𠁩」字。這個字孫詒讓釋「毌」和「串」。孫氏云：「說文毌部：毌，穿物持之也。从一横，象寶物之形，讀貫。此變横爲從，其形誼亦可通。詩大雅：串夷載路。串字說文不載，疑即毌變爲𠁩，與二中形近，復又變作串。經典俗字亦有所本」。（契文舉例）

學者或又謂「乃干之象形」（殷契粹編一二八九片考釋）。這是「毌」及「串」字，甚是。這個字當就是表示貫穿之意。這當是象實物中間有孔，而以一物貫孔中把它穿起來。穿物寫在平面上字形難以表示，所以只作一直畫中貫，表示貫穿之意。『申』甲骨文或又作『申』，乃是『申』之省。『申』後世演變為『毌』。『串』則是『申』之變。

『毌』又孳乳為『貫』『遦』『摜』『慣』等字。爾雅釋詁云：『貫，習也。』國語周語：『晝而講貫。』韋昭云：『貫，習也。』說文云：『遦，習也。』又云：『摜，習也，从手貫聲。』春秋傳曰：摜瀆鬼神。』『摜』今左傳作『貫』。杜預云：『貫，習也。』而習慣字今又作『慣』。『貫』『遦』『摜』『慣』義相同。爾雅釋詁云：『串，習也。』詩皇矣傳云：『串，習也。』荀子大略篇：『國法禁拾遺，惡民之串以分得也。』楊倞云：『串，習也。』『串』義與『貫』『遦』『摜』『慣』相同。玄應一切經音義云：『慣又作串、摜、遦三形。』可知『串』『貫』『摜』『遦』『慣』即是一個字。這些字都是由『申』演變和孳乳的。其初义是貫穿。其義為習慣乃是引申。這當是由貫穿引申為一貫，由一貫又引申為習慣。

『申』卜辭是國名。曾和周發生戰爭。卜辭：

『（缺）貞，申弗𢦏周。十二月。』（鐵二六・一）

這應就是詩皇矣『串夷載路』之『串夷』。詩皇矣鄭玄箋云：『串夷即混夷，西戎國名。』說文『琨』字云：『琨，石之美者。瑻，琨或从貫。』禹貢：『瑤琨篠簜。』『琨』馬融本和漢書地理志都作『瑻』。『昆』與『貫』可通。從文字上講，『串夷』就是『昆夷』似無可疑。『昆』當是後世假用字。

昆夷舊時或以爲是犬戎。詩緜：『混夷駾矣。』說文『呬』字注引作『犬夷呬矣』。漢書匈奴傳：『周西伯昌伐畎夷氏。』師古云：『畎音工犬反。畎夷即畎戎也。又曰昆夷。昆字或作混，又作緄，二字並音工本反。昆、緄、畎聲相近耳。亦曰犬戎。』詩采薇孔疏云：『尚書傳云：四年伐犬戎。注云：犬夷，昆夷也。』近代王國維作鬼方昆夷玁狁考，謂昆夷是犬戎，也就是鬼方、玁狁和匈奴。陳夢家謂卜辭『申』就是犬戎。（卜辭綜述，第二九四頁）

漢唐學者之說實是不足信的。以昆夷爲犬戎，没有根據。顔師古謂『畎』字音與『昆』『混』『緄』相近，顯然是爲要將畎夷說成就是昆夷的牽强之說。王國維謂昆夷就是鬼方、玁狁和匈奴，也不正確。這也是根據舊說的。史記五帝本紀：『北逐葷粥。』索隱云：『匈奴別名也。唐虞以上曰山戎，亦曰葷粥。夏曰淳維，殷曰鬼方，周曰玁狁，漢曰匈奴。』這種說法實是附會。昆夷、鬼方、玁狁、匈奴實都是互不相涉的部族。鬼方見於卜辭。『乙酉卜，鬼方囚。五月』（甲三三四三）。和『申』很清楚不是一族。孟子梁惠王章下云：『文王事昆夷』『太王事獯鬻』。詩采薇序云：『文王之時，西有昆夷之患，北有玁狁之難。』都是昆夷、玁狁並舉。二者不是一族也很明顯。王國維說孟子『行文避複』，詩序是『誤解經語』，似不免曲爲之說。至於匈奴，與昆夷、鬼方或玁狁更毫無關係。這全是因爲匈奴是秦漢時北方大國而附會的。

從文獻看，犬夷、畎夷、狄、玁狁蓋是一族。疑就是卜辭之『犬』。卜辭有『犬』和『犬侯』。也與周發生過戰爭。

『貞，令多子族眾犬侯口周，古王事。』（纂五三八）

『令多子族比犬眾亩𦯧古王事。』（前五・七・七）

『犬』『犬侯』，就是犬夷、犬戎，從名稱上講，當無問題。史記周本紀周穆王征『犬戎』。徐廣云：『一作畎。』史記匈奴列傳和漢書匈奴傳都作『畎戎』。可見『畎戎』即是『犬戎』。『畎』和『犬』應就是一字。孟子云：『太王事獯鬻。』又云：『昔者太王居邠，狄人侵之。』可見獯鬻必也就是狄。詩小雅六月：『玁狁匪茹，整居焦穫，侵鎬及方，至于涇陽。』史記匈奴列傳云：『申侯怒而與犬戎共攻殺周幽王於驪山之下，而居於涇渭之間，侵暴中國。』史記這段話顯是根據六月的。據此，則六月當是周平王東遷時詩，犬戎即是玁狁。

釋晚

甲骨文有『』字。卜辭：

『今日辛，至不雨。』（寧滬一・七〇）

『旦至于不雨。』（京津四四五〇）

『𦎫兮至不雨。』（粹七一五）

這個字學者釋『昏』（殷契粹編六五二片考釋）。説文云：『昏，日冥也，从日从氐省，氐者下也。一曰民聲。』這個字釋『昏』，字形不合。此字系从『日』从『人』，不是从『氐』省，更不是从『民』。

我以爲這蓋是『晚』字的初文。這個字是从『日』从『人』。『人』略向前傾，象俯首欠身之形。按『俛』字初只作『免』。戰國策趙策：『馮忌請見趙王。行人見之。馮忌接手免首，欲言而不敢。』『免首』顯就是俛首。説文没有『免』字。魏三字石經『免』字古文作『』，篆文作『』。金文也有『』字。疑就是由『』演變來的。隸變則爲『免』。後加『人』旁作『俛』。説文謂太史卜書作『頫』，今又作『俯』，都是後起字。

甲骨文『昃』字作『』，从『日』从『大』。『大』也是斜的，象人側身之形。這蓋是用人側身之形表示日斜側之意。『』和『』造字的構意顯然相類。這也必是用人俯首欠身之形，表示日低下之意。

『今日辛，至不雨』，是説今天到晚不雨。『旦至于不雨』，是説從早到晚不雨。『韋兮至不雨。』『韋』陳夢家説在昃及晚之間，甚是（卜辭綜述二三一頁）。這是説從韋兮到晚不雨。

釋蘁

甲骨文有個象形字『』字。這個字葉玉森謂象蟬，卜辭用爲『夏』字。『蟬爲夏蟲，聞其聲即知爲夏，故先哲假蟬以表之。』（研契枝談）唐蘭謂是『龜屬而有兩角』，讀爲『秋』（古文字學導論）。學者或又謂『字形實象昆蟲之有觸角者，即蟋蟀之類。以秋季鳴，其聲啾啾然。故古人造字，文以象其形，聲以肖其音，更借以名其所鳴之節季曰秋』（殷契粹編第二片考釋）。

這個字究竟是象什麼確不容易斷定。謂『龜屬而有兩角者』，自屬錯誤，但謂此字是象蟬或蟋蟀，也不的確。這個字確實是『象昆蟲之有觸角者』，但却不象蟬或蟋蟀。這個字釋蟬或蟋蟀，卜辭辭義也不可通。這個字卜辭用爲節季之名乃是假借。卜辭也有用其本義者。用其本義，釋蟬或蟋蟀便都説不過去。

我疑這個字是象蝗蟲。從字形看，這個字字形神態非常象蝗蟲。尤其重要的，這個字釋爲蝗蟲，卜辭辭文可暢通無礙。卜辭：

『貞，其毋蘁。辛未卯，酒。』（甲三六四二）

『貞，其毋蘁。』（明藏四六九）

『乙亥卜，貞，其毋蘁于㱿。』（寧滬一・一一九）

此處『䵹』若釋爲蟬或蟋蟀便不可通。若釋爲蝗，則辭義便很清楚。說文云：『甹，定息也……讀若亭。』卜辭云：『甹』什麽，都是其物爲灾，祈求停息。卜辭有『甹風』『甹雨』：

『丙辰卜，于土（社）甹風。』（寧滬一・一一八）

『大風。其甹風。』（粹八二七）

『其甹風伊（缺）亡雨。』（粹八二八）

『丁丑貞，其灣雨于方。』（粹一五四五）

『甹風』『甹雨』是風雨爲灾，祈求停止。『甹䵹』也必是『䵹』爲灾，祈求停止。不論蟬或蟋蟀都不能爲灾。蟲能爲灾者只有蝗及螟螣蟊賊。螟螣蟊賊都是小蟲，字形不合。所以這必定是蝗。

卜辭：

『庚午貞，䵹大雋，于帝五丰臣甹。在祖乙宗卜。』

這也必是祈求止蝗的。『雋』字說文没有，不識。此字甲骨文作『』，从『隹』从『冉』，或作『』，从『雔』从『冉』。『冉』是『冓』字一半，疑即『冓』省。說文云：『冓，交積材也，象對交之形。』『雋』『雟』蓋象鳥止於木架之上。這和『集』所表示的意思略同。『雋』義也當與『集』義相近。卜辭：

『乙丑卜，其雟衆，告于父丁。』（後下三八・九）

『乙丑卜，其雟衆，告于父丁。一牛。』（粹三六九）

『雋衆』，『雋』訓集可通。『𪓟大雋』蓋謂蝗大至。此辭是説蝗大至，向『帝五丰臣』祈求止蝗。

卜辭：

『𪓟其至。』（河六八七）

『甲申卜，今歲𪓟不至兹商。二月。』（同上）

『（缺）卜，（缺）𪓟至，四月。』（前四·五·五；林二·一八·四）

此處『𪓟』釋蟬或蟋蟀也不可通。蟬或蟋蟀來不來決不會卜問的。這也必是蝗。蝗是大災，關係於年歲，所以有没有蝗要卜問。『𪓟其至』『𪓟至』是説蝗蟲要來。『今歲𪓟不至兹商』，是説今年蝗蟲不來商。

卜辭：

『□戌貞，其告𪓟于高祖夒。六月。』（粹二）

『其告𪓟上甲。』（粹四）

『弜告𪓟于上甲。』（明藏四六七）

『告𪓟』學者或釋爲『告秋』，『告一歲之收穫於祖』（同上）。我以爲這仍是蝗。這是蝗蟲爲災，告於祖先。

總之，我以爲這個字不論從字形或字義講，都應爲蝗之象形字。

蝗古稱爲螽。説文云：『蝗，螽也。』又云：『螽，蝗也，从䖵夂聲。夂古文終字。』漢書五行志云：『介蟲之孽者，謂介蟲有甲飛揚之類，陽氣所生也。於春秋爲螽，今謂之蝗。』如此所說，蝗古稱爲螽，漢代才稱蝗。說文有『䵻』字，云：『䵻，龜名，从龜夂聲。夂古文終字。』疑這也就是『𪚰』字。這個字聲音與『螽』字相同。从『龜』係『𪚰』之譌。和『穐』字原从『𪚰』而說文作『龜』一樣。此字最初即『𪚰』字，後加『冬』表聲。『螽』或又作『蝝』，都是後造的形聲字。說文說『䵻』是龜名，恐是誤以其字从『龜』，望文生義的。

『𪚰』字卜辭用爲四季之名。葉玉森謂用爲『夏』。他說：『蟬爲夏蟲，聞其聲即知爲夏，故先哲假蟬以表之。』這是不正確的。這不僅字形不合，解釋也不合理。蟬是在小暑之後、大暑之前始鳴。現在我們家鄉蕪湖農村農諺猶說：『知了叫，割早稻。』這時夏季已經快要過去了，怎麼說蟬爲夏蟲，聞其聲即知爲夏呢？從字形講，自以讀爲『穐』爲是。疑這是因爲蝗蟲出現多在秋天的緣故。蝗蟲出現爲災大多是在夏末秋初穀物將熟的時候。桓公五年和宣公十五年春秋書『螽』，都是在秋季。蝗一出現，即知一個新的季節即將來到，因而也就假以名這個季節。

釋㣇

甲骨文有『』字。這個字學者釋『希』，或又釋『求』，或以爲用爲『祟』，或以爲即『豨』字，或以爲是『殺』字。

這個字釋『求』自然是錯誤的。釋『希』或『殺』也不正確。這個字字形和說文篆文『希』及說文古文『殺』誠有些相近，但在卜辭裏，不論釋『希』或『殺』，義都不可通。假用爲『祟』也是臆度。

這是個象形字，後世不用了，爲新造的形聲字所代替。說文也保存了這個字，但輾轉傳寫，已失其原形。所以這個字怎樣隸定，很難確定。說文有字是从此作的，後世都寫作『录』。我們姑且也寫作『录』。

這個字在卜辭裏有禍患之意。

『癸巳卜，㱿貞，旬亡囚。王固曰：㞢(有)录，其㞢來鼓。乞至五日丁酉。允㞢來鼓自西。沚戠告曰：土方征于我東啚，𢦏二邑。𢀛方亦牧我西啚田。』(菁二·一)

『王固曰：㞢录，其㞢來鼓。乞至七日己巳，允㞢來鼓自西。長友角告曰：𢀛方出，牧我示𥻆，叀七人。五月。』(同上)

『癸亥卜，叟貞，旬亡囚。王固曰：㞢录。』(燕一二四)

『癸未貞。旬又(有)录，不于匕囚。』(粹四〇〇)

『丁丑貞，又(有)录、豩囚。』(粹一二一二)

或又用作動詞，如：

『王亥录我。』(京津一一四四)

『辛酉卜，[illegible]貞，季录王。』（前五・四〇・三）

『（缺）巳卜，㱿貞，大戊录王。』（林一・一二・一〇）

『父甲录王。』（粹一二五四，京津一一四七）

『妣甲录□。』（粹一二五九）

『弗录王。』（京津一四四九）

這些卜辭，『录』不論釋『[illegible]』或『殺』，顯然都解釋不通。

我以爲這個字乃是『鬽』『魅』字的本字。説文云：『鬽，老精物也，从鬼彡。彡，鬼毛。魅，或从未聲。[illegible]，古文；[illegible]，籀文，从彖首从尾省聲。』又説文『[illegible]』字云：『[illegible]，髴也，忽見也，从髟录聲。录，籀文魅，亦忽見意。』又説文『逯』字云：『逯，見鬼鬽皃，从立从录。录，籀文鬽字。』『[illegible]』『逯』所从之『录』，篆文也作『[illegible]』。『[illegible]』或『[illegible]』與『[illegible]』形都很相近。我疑當就是『[illegible]』。説文謂古文作『[illegible]』，籀文作『[illegible]』，乃是後世不知此字的原形，傳寫譌誤的。左傳宣公三年：『螭魅罔魎。』杜預云：『螭，山神，獸形；魅，怪物；罔魎，水神。』史記五帝本紀：『乃流四凶族，遷於四裔以御螭魅。』集解引服虔云：『螭魅人面獸身四足，好惑人，山林異氣所生，以爲人害。』從字形看，『[illegible]』正和服虔所説魅的形狀，『獸身四足』相同。從卜辭看，『录』釋『鬽』也可暢通。『有录』是説有鬼鬽。『有录[illegible]』，是説有鬼鬽，但不爲禍。『王亥录我』『季录王』『大戊录王』，是説王亥爲鬽于我，季、大戊爲鬽于王。

釋不契黽

卜辭有『不』一語，或作『』，或省作『不』。都是刻在兆璺的旁邊。對這一刻辭學者解釋者很多。或釋『不紹黽』，意爲『不命黽』。或釋『不鼅鼄』，讀爲不踟蹰。或釋『不罗黽』。或釋『不絲鼄』。或釋『不契黽』。或釋『不縵黽』，意爲不覞髳，謂兆璺之鮮明。或釋『不才墨』，讀寫『不再墨』。或釋『不告兆』。或釋『不玄冥』，真可謂衆説紛紜，莫衷一是。

『』或『』實應釋『契』，即是『契』字的本字。甲骨文有『』字，或又作『』，象兩手持之形。學者謂『』當是象某種手工工具之形，甚確。卜辭：

『（缺）未卜，貞（缺）。』（林一·二〇·一〇）

『癸未卜，賓貞，旬（缺）。』（林一·二六·一一）

『（缺）争貞，旬亡囚。』（林一·二七·一〇）

『癸未卜，争貞，旬亡囚。』（粹一四二四）

『癸巳卜，貞，旬亡囚。』（粹一四二五）

『癸酉卜，貞，旬亡囚。』（甲三一七七）

這些卜辭的『□』字學者或謂是人名。前有貞人名者是二人共卜。此說之難信學者早有人指出。卜辭所見與人共卜者只『□』一人，不見有他人。爲什麽只有『□』一人與人共卜，他人就不與人共卜呢？這顯然是不合理的。從卜辭看，這必是『契』字。這是說契龜而貞問。又卜辭：

『丁巳卜，王余□。（缺）王余勿□。』（乙綴一一〇）

『丁巳卜，王自□。（缺）王余勿□。』（同上）

此處，『□』是動詞，更非是『契』不可。這是說王自己契龜貞卜。『□』或『□』當是象契的形狀。『□』是單手持契之形。『□』則是象兩手持契之形。

『□』學者釋『黽』是對的。但若謂就是說文之『黽』字則不正確。說文云：『黽，鼃黽也。』這個字字形，很明顯，實不象蝦蟆。這個字是象個昆蟲。聞一多說『黽』就是說文的『鼆』字（聞一多全集二釋不□□）。這是正確的。左傳文公十五年：『一人門於句鼆。』釋文云：『鼆又作黽。』說文云：『鼆，冥也，从冥黽聲。』我們認爲這個字初只是『黽』字，後加『冥』表聲，說文之說實是錯的。不過，聞一多也謂『黽』爲鼃黽，這又不正確了。考『冥』古讀音與『密』相同。周禮冥氏鄭司農云：『冥讀爲冥氏春秋之冥。』鄭玄云：『讀爲冥方之冥。』段玉裁云冥氏春秋之冥氏就是漢書儒林傳傳顔氏春秋的泰山冥都，『冥方』就是算方之『方冪』（周禮漢讀考）。釋文云：『冥，如字，又莫歷反。』又云：『音覓。』『冥』宋祁云：『劉昌宗云莫歷反。』據此，『冥』與『密』聲音實相同。『冥』與『密』聲音相同，則『黽』與『密』也當聲音相同。按『黽』與『密』古可以通用。詩谷風『黽勉同心』，韓詩作『密勿同心』。詩十月之交：『黽勉從事』，漢書劉向傳引作『密没从事』。『黽勉』爾雅釋詁又作『蠠没』。郭璞云：『蠠没猶黽勉也。』釋文云：『蠠，彌畢反，又忘忍反，本或作𧖟，説文云，𧖟古密字。』按説文云：『𧖟，蠭甘飴也。……蜜，𧖟或从宓。』據此，『黽』當就是『蠠』，也就是『𧖟』和『蜜』。從字形看，『』正酷肖蜜蜂的形狀。這必就是『蜜』字的本字無疑。『』原是象形字，作『黽』乃是後世譌誤。作『蠠』『𧖟』『密』『蜜』都是後世造的形聲字。

卜辭『黽』字學者認爲假用爲『冥』。這是正確的。『黽』即『鼆』字。『鼆』和『冥』音義都相同。『黽』義也必爲冥。『黽』與『冥』古也可以通用。史記楚世家：『王出寶弓，碆新繳，涉鄳塞。』徐廣云：『或以爲冥，今江夏，一作黽。』史記春申君列傳：『秦踰黽隘之塞而攻楚』，正作『黽』。這個字最初必是用『黽』，後世加『冥』表聲作『鼆』。其用爲地名，後又加『邑』表義作『鄳』。『冥』則是後世假用的。説文：『鼆，冥也。』『冥，幽也。』卜辭『黽』義蓋謂幽暗不明，即不清晰。『不契黽』這一刻辭有三個特點：一、可以省作『不契』；二、都是橫刻在兆璺的旁邊；三、凡是有這一刻辭的都没有卜辭。這一刻辭我以爲應讀爲『不契黽』。這是説這一兆璺不清楚，不用它，所以不契。其或省去『黽』字，只作『不契』，意思還是一樣。因爲這一卜兆未用，所以没有卜辭。

釋叙尤

祖甲以後的卜辭，在祭祀之後往往有『叙，亡尤』一語。如：

『丙寅卜，尹貞，王賓父丁歲，三宰。叙，亡尤。』（庫方一一九）

『丁未卜，行貞，王賓父丁歲，三牛。叙，亡尤。』（戩一八・一三）

『己丑卜，行貞，王賓兄己歲。叙，亡尤。』（前一・四〇・五）

『己丑卜，尹貞，王賓歲。叙，亡尤。』（續存上一五四五）

『叙』學者多謂是祭名。于省吾、承培元謂即『冬賽報祠』之『賽』（殷契駢枝釋叙）。按周禮都中人：『國有大故，則令禱祠。即祭，反命於國。』鄭玄云：『祭謂報賽也。』史記封禪書云：『自殽以東名山五，大川祠二：曰太室，太室，嵩高也，恒山，泰山，會稽，湘山；水曰濟，曰淮。春以脯酒爲歲祠，因泮凍，秋涸凍，冬賽禱祠。』據此，賽乃是對名山大川的祭祀，不是對祖先的祭祀。而卜辭之『叙』則皆在祭祀祖先之後。由此知釋『叙』爲『賽』，與卜辭不合，必不正確。

卜辭還有一種情況，即在彡、翌、魯、歲等祭祀之後又舉行『叙』。例如：

彡祭：

『乙酉卜，行貞，王賓己彡，亡尤。在十月。』（綴合編二三）

『乙酉卜，行貞，王賓叙，亡尤。』（同上）

『丙戌卜，行貞。王賓丙彡，亡尤，在十月一。』（同上）

『丙戌卜，行貞，王賓叙，亡尤。』（同上）

『丁丑卜，貞，王賓大丁彡日，亡尤。』（續一·九·一）

『貞，王賓叙，亡尤。』（同上）

『甲戌卜，貞，王賓大甲彡，亡尤。』（續存下八六七）

『貞，王賓叙，亡尤。』（同上）

『丁未卜，貞，王賓武丁彡，亡尤。』（前一·一八·三）

『貞，王賓叙，亡尤。』（同上）

『丁未卜，貞，王賓康祖丁彡日，亡尤。』（前一·二三·六）

『貞，王賓叙，亡尤。』（同上）

翌祭：

『丁巳卜，行貞，王賓父丁翌，亡尤。在□月。』（粹三〇九）

『丁巳卜，行貞，王賓叙，亡尤。』（同上）

『己未卜，行貞，王（缺）翌，亡尤。』（珠三八一）

『己未卜，行貞，王賓叙，亡尤。』（同上）

『丁酉卜，貞，王賓康祖丁翌日亡尤。』（同上）

『貞，王賓叙，亡尤。』（同上）

𠯁祭：

『乙亥卜，行貞，王賓小乙𠯁，亡尤，在十一月。』（粹二七九）

『乙亥卜，行貞，王賓叙，亡尤。』（同上）

『丁丑卜，行貞，王賓父丁𠯁，亡尤。』（同上）

『丁丑卜，行貞，王賓叙，亡尤。』（同上）

『己卯卜，行貞，王賓兄己𠯁，亡尤。』（粹三一〇）

『己卯卜，行貞，王賓叙，亡尤。』（同上）

歲祭：

『辛酉卜，行貞，王賓祖辛歲，𡨦，亡尤。』（續一·一八·二）

『辛酉卜，行貞，王賓叙，亡尤。』（同上）

『丁亥卜，澤貞。王賓祖丁歲，亡尤。』（續一·二〇·一）

『丁亥卜，㴽貞，王賓叙，亡尤。』（同上）
『乙未卜，行貞，王賓小乙歲，亡尤。』（粹二九一）
『乙未卜，行貞，王賓叙，亡尤。』（同上）
『丁卯卜，涿貞，王賓父丁歲，宰，亡尤。』（續存上一五〇六）
『丁卯卜，涿貞，王賓叙，亡尤。』（同上）
『庚申卜，行貞，王賓歲，亡尤。』（前六·九·一）
『庚申卜，行貞，王賓叙，亡尤。』（同上）

鞻祭：

『癸卯卜，貞，王賓鞻（缺）。』（前四·二〇·五）
『貞，王賓叙，亡尤。』（同上）

㕘祭：

『辛酉卜，貞，王賓㕘，亡尤。』（缺）
『貞，王賓叙，亡尤。』（同上）

由此可知，『叙』都是在祭祀的同一天祭祀之後舉行的。『叙』的後面都没有祖先的名字。由這種情形，我們推測：『叙』實不是對祖先的祭祀，這乃是在祭祀之後舉行的另一種儀式。『叙』不是對祖先的祭祀，而是在祭祀之後舉行的另一種儀式，則前面所舉的『丙寅卜，尹貞，王賓父丁歲，三宰。叙，亡尤』，這樣的卜辭當是刻寫的省略，即將兩條卜辭合而爲一的。又卜辭：

『甲申卜，即貞，尸歲。王其叙。十一月。』（續存上一九五二）

『□子卜，尹貞，歲，王其叙。在五月。』（河四七五）

這樣的卜辭也必是刻寫的省略。只是將兩條卜辭合併，語句稍變一下，省去『亡尤』二字而已。

『叙』不是對祖先的祭祀，而是在祭祀後舉行的另一種儀式，然則『叙』是什麼意思呢？説文云：『楚人謂卜問吉凶曰叙。』按卜辭有云：

『貞，叀叙祝。』（佚六五二）

合説文和卜辭看，『叙』蓋是在對祖先祭祀之後，再禱祝一下，問問吉凶。

疑『贅』字義即由『叙』引申的。説文云：『叙』『讀若贅』。『叙』和『贅』聲音相同。説文『叙』字作『𣪠』，『贅』字作『贅』，云：『从𣪠貝。』疑『贅』即『叙』孳乳的。『叙』是在祭祀之後照例舉行的一種儀式。久之，便成爲一種『例行公事』。只是一種形式而已，幾乎是多餘不必要的了。因此，以後多餘不必要的便以『叙』爲喻，稱之爲『叙』。文字演變孳乳爲『贅』字。説文訓『贅』爲『以物質錢』，蓋是後起義。

卜辭辭尾往往有『亡巛』『亡𢦏』『亡𡿺』『亡囚』『亡尤』『亡𡆥』等語。這些語詞用法各有不同。『亡巛』『亡𢦏』和『亡𡿺』都用於田獵的卜辭。田獵卜辭每云田于某地，『往來亡巛』，或『往來亡𢦏』或『往來亡巛』。

『亡𡆥』或『亡骫』有兩種用法：一是用於卜旬、卜夕和卜外出。例如：

『癸卯卜，賓貞，旬亡𡆥。』（粹一四一八）

『辛丑卜，㱿貞，今夕亡𡆥。』（粹一三三三）

『丙辰卜，貞，王出亡𡆥。』（續存下六七二）

一是用於『戠』『𦕰』『福』等卜辭。例如：

『癸卯卜，行貞，王賓戠，亡𡆥。』（戩二〇・八）

『壬子卜，旅貞，王賓𦕰，亡𡆥。』（前五・一九・二）

『丁卯卜，尹貞，王賓藝福，亡𡆥。』（前六・一五・三）

『己卯卜，行貞，王賓夕福，亡𡆥。』（續存上一五七七）

『乙卯卜，尹貞，王賓福，亡𡆥。』（河三九八）

『亡尤』也有兩種用法：一是用在如前所舉的『叙』的後面。一是用在上面所舉的『戠』『𦕰』『藝福』『夕福』及外出等卜辭後面。在這種卜辭之後，往往有『貞，亡尤』一語。如：

『甲戌卜，旅貞，王賓戠，亡𡆥。』（佚五六二）

『貞，亡尤。』（同上）

『戊戌（缺）貞，王賓𦕰，亡𡆥。』（續存下六四一）

『貞，亡尤。』（同上）

『乙巳卜，尹貞，王賓藝福，亡囚。』（續存上一五七五）

『貞，亡尤。』（同上）

『甲戌卜，尹貞，王賓夕福，亡囚。在六月。』（粹一三七）

『貞，亡尤。』（同上）

『壬午卜，行貞，王賓福，亡囚。』（河三九六）

『貞，亡尤。在十二月。』（同上）

『壬申卜，行貞，王出亡囚。』（戩三一・九）

『貞，亡尤。』（同上）

『亡巷』似没有這樣明顯的區别。祭祀的卜辭該用『亡尤』和『戠』，『冐』『福』等卜辭該用『亡囚』的地方，有時也用『亡巷』。如：

『癸亥卜，貞，王賓㞢自上甲至于多毓衣，亡尤。』（林一・二七・四）

『庚戌卜，即（缺）亥，酒彡□自上甲衣至于多毓，亡巷。十月。』（林一・二・一）

『貞，翌甲（缺）𠧞自上甲（缺）衣，亡巷。七月。』（後上三四・一）

『丙午卜，行貞，翌丁未翌于中丁，亡巷。在四月。』（續存下六〇六）

『乙亥卜，賓貞，王嬪歲，亡巷。』（前七・二〇・二）

『（缺）戌卜，王貞，王其賓中丁多𡆥，亡巷。』（續存下六一一）

『丁亥卜，貞，王賓福，亡巷。』（前四·二三·八）

這幾個語詞的用法雖然不是絶對如此，但絶大多數是不相混亂的。這幾個語詞用法既有不同，其含意也一定不一樣。『亡巛』『亡𢦏』和『亡𡿧』很清楚就是無灾。『巛』即說文之『𢀛』字，孳乳則爲『灾』和『甾』。『𢦏』即說文『烖』字的初字。原是假借字，後世加『火』表示則爲『烖』字。『𡿧』蓋是『巛』之省，又用『才』以表聲。疑此字造字乃是合『巛』『𢦏』二字爲一，各省去一部分而成的。田獵的卜辭說『往來亡巛』『往來亡𢦏』或『往來亡𡿧』，是說田獵往來都没有灾。『𡆧』及『歄』就是『禍』字。『亡𡆧』『亡歄』就是無禍。『旬亡𡆧』，是說下旬没有禍。『今夕亡𡆧』，是說今晚没有禍。『王出亡𡆧』，是說王出行没有禍。『戠』『𡆥』『福』，卜辭也都没有祖先的名字，也必不是對祖先的祭祀。『戠』是什麼意思不能確知。『𡆥』我以爲是『襄』字的初文，也就是『禳』字。『福』當就是祈福。這類的卜辭疑是禳禍祈福的。因爲是禳禍祈福，所以用『亡𡆧』。

『亡尤』學者謂即是易賁之六。剥之六五、蹇之六一之『亡尤』（丁山：般契亡尤說）。『尤』孔穎達都訓過。論語爲政篇包咸注也云：『尤，過也。』『尤』也就是說文之『訧』字。說文云：『訧，罪也，从言尤聲。周書曰：報以庶訧。』『訧』今尚書呂刑作『尤』。『訧』是後世加『言』旁的。或又假用『郵』字。爾雅釋言云：『郵，過也。』

『亡𢀛』是什麽意思很難確切地解釋。『𢀛』即説文的『蚩』字。説文云：『蚩，蟲也。』也即『數』字。説文云：『數，刺也。』『𢀛』字甲骨文作『』，象蛇螫足之形，引申爲刺。卜辭『亡𢀛』與『亡尤』『亡囚』可以通用，『𢀛』義必與『尤』『囚』相近，不能訓蟲或刺。卜辭又每云：『𢀛我』『𢀛王』『𢀛禾』『𢀛雨』。如：

『貞，祖辛𢀛我。』（前一・一一・五）

『不隹多介𢀛王。』（前一・二七・四）

『庚寅，隹夒𢀛禾。』（粹一一）

『隹王亥𢀛雨。』（粹七五）

『𢀛』都有傷害之意。疑『𢀛』有病害之義。這樣，『𢀛』義便與『尤』『囚』略近。因此『亡尤』『亡囚』又可以用『亡𢀛』。

卜辭在祭祀和祈禳之後爲什麽要説一聲『亡尤』呢？按『亡尤』也見於銅器銘辭。

麥尊：『雩若二月，侯見于宗周，亡迍。』

又：『唯歸，邐天子休，告亡尤。』

獻彝：『獻伯于遘王休，亡尤。』

麥尊前一句是麥在宗周覲見周王時説的。後一句是麥辭歸，謝天子之恩時説的。獻彝的話也是謝王恩時説的。由這種情形看，『亡尤』蓋是殷周時的常語，是下對上的一種恭敬之辭。卜辭的

『亡尤』意當也是如此。這蓋是在祭祀及祈禳之後，向祖先或神祇説一聲無過。

我疑『贅疣』一語可能即由此而來。『叙』是在祭祀之後照例舉行的一種儀式。『亡尤』是在祭祀和祈禳之後照例要説的話。久之，這種儀式和這句話都成爲一種『例行公事』，成爲一種無意義的形式，幾乎是多餘不必要的。因此，多餘無用的就以此爲喻，由此便逐漸成爲成語。

釋獻

卜辭：

『（缺）貞，辛亥，酒彡自上甲，在大宗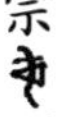。』（明續五二二）

『甲戌卜，乙亥，王其于大宗。』（續存上一七八）

『王于祖乙宗。』（同上）

『』學者没有解釋，甲骨文編列於附録，認爲不識。這個字象以繩縛犬之形。由卜辭義推測，我疑爲『獻』字的初文。説文云：『獻，宗廟犬名羹獻，犬肥者以獻之，从犬鬳聲。』曲禮云：『凡祭宗廟之禮，……犬曰羹獻。』從上列卜辭看，『』正是用犬祭祀宗廟。其爲『獻』之初文，似無可疑。『』爲『獻』之初文，後加『鬳』表聲，乃成爲『獻』字。

『獻』字義又爲奉獻。從卜辭看，奉獻之『獻』最初蓋是假用『』或『』（鬳）字。

「乙卯卜，賓貞，龜，翌日。十三月。」（前七・五・二）

「乙卯卜，㕚貞，鬳羌。」（甲二〇八二）

「」和「鬳」義顯爲奉獻。獻字金文又用爲「甗」字。這都是假用的。

釋 戠

甲骨文有「」字，又作「」或「」。這個字學者釋「戠」，甚是。但這個字本義是什麼，還不能確知。說文「戠」字義闕。禹貢徐州「厥土赤埴墳」。釋文云：「埴，鄭作戠。」是「戠」也即是「埴」字。說文、僞孔傳、徐廣、玉篇、顏師古都說「埴」是黏土。鄭玄謂：「戠，赤皃。」玉篇又有「⿰忄戠」字，云：「⿰忄戠，赤土也。」「⿰忄戠」就是「戠」字。清以來研究古文字的學者吳大澂謂「戠」是「織」字（見說文古籀補）。林義光謂是題識之「識」字的本字（見文原）。丁山謂「戠」本義爲熾盛（見說文闕義考）。這些解釋，字義與字形都不相合。在卜辭裏，這個字的字義也不能完全了解。這個字本義是什麼，確很難定。

按汗簡云：「戠，古植字。」我疑這就是「植」字的初字，本義爲種植。

考釋：

甲骨文有「樴」字，作「」。這個字羅振玉以爲就是「犆」和「特」字。增訂殷墟書契

『説文解字無此字。卜辭中又有戠及戠二文。此从戠與戠，殆一字，故知此字从牛戠。考説文解字埴注，黏土也，从土直聲。禹貢厥土赤埴墳，釋文鄭作戠。是古戠與直通。禮記，大夫以犆牛。周禮小胥釋文，特本作犆。由此推之，知⿰牛戠即犆，即特矣。然由卜辭觀之，⿰牛戠當爲牛色。』

又禮記雜記：『下大夫之虞也犆牲。』少儀：『喪俟事，不犆弔。』玉篇：『特，牡牛；犆，同上。』也都以『犆』與『特』相通。知『⿰牛戠』『犆』『特』確是一字。又『植』與『㭙』相通。説文：『㭙，槌也。』方言云：『槌，宋、魏、陳、楚、江淮之間謂之植，自關而西謂之㭙。』玉篇云：『槌，植也。』又云：『㭙，槌横木也，關西謂之㭙；⿰木悳，古文。』植、㭙就是採桑時攀摘桑條的鈎子，即月令所謂『具曲植籧筐』之『植』。由上所述，『⿰牛戠』又作『犆』和『特』，『戠』又作『埴』，『植』又作『㭙』。從這種演變的規律看，可以推知，『植』字初字必是『戠』或『樴』。後世作『植』或『㭙』，乃是改用『直』『寺』爲聲旁。茲表如下：

⿰牛戠　犆　特

戠（⿰土戠）埴

戠（樴）植　㭙

汗簡謂『戠』是古『植』字，從上述情况看，是可信的。

這個字的字義説文闕，古時或訓赤貌，或訓黏土。這些訓釋都與『戠』字的字形不合，必不是『戠』字的本義。我以爲此字本義就是種植。詩載芟：『有略其耜，俶載南畝，播厥百穀。』鄭玄云：

『俶載當作熾菑。農夫既耘除草木根株，乃更以利耜熾菑之而後種。』（詩大田：『以我覃耜，俶載南畝。』箋云：『俶讀爲熾，載讀爲菑栗之菑。時至，民以其利耜發所受之地。』良耜：『畟畟良耜，俶載南畝。』箋云：『農人測測以利善之耜熾菑是南畝也。』都讀俶載爲熾菑。鄭玄以爲『俶載』當作『熾菑』。『熾菑』是什麽意思，鄭玄説得還不明確。從文義看，他是以『熾菑』爲鉏地。按『熾』當就是『戠』字。説文『熾』字古文作『[illegible]』，當就是『戠』字。按『菑』有耕植之義。尚書大誥：『厥父菑，厥子乃弗肯播，矧肯穫。』僞孔傳云：『父已菑耕其田，其子乃不播，况肯收穫乎。』廣韻有『䎩』字，云『耕也』。按『載』與『栽』實即一個字。詩緜：『其繩則直，縮版以載。』馬瑞辰云：『載通作栽。説文：栽，築墻長版也……今人名草木之殖曰栽，築墻立版亦曰載，是知載即栽也。』（見毛詩傳箋通釋）由此知『菑』義也必爲栽。『菑』『栽』『載』通用，乃是由於文字演變發展而來的。（詳釋戋）『熾』與『菑』連文，其義必爲植無疑。

卜辭『戠』字多假作他用，其義不容易了解。但在有的卜辭裏，仍可以看出其義當是栽植、種植。

『在□卜，王弜令藝戠。』（續四・三五・七）

『辛酉卜，貞，□戠禾。』（後下二〇・一一）

『藝戠』意顯爲『藝植』。『戠禾』更必是『植禾』。

『』（戠）是『植』字的本字，其義爲種植，字从『』从『』，這必是兩種農器。『』鋒刃向下，必是鍬臿一類的農器；『』有横柄，必是鉏一類的農器。這是用兩種農器表示鉏地種植。

『』我以爲是『弋』字，也即是『代』『忒』『貣』等字用以爲聲旁之『弋』，不是『戈』，也不是弋射之『弋』。

説文云：

『弋，橜也，象折木衺鋭著形，从厂，象物挂之也。』

又云：

『橜，弋也。』

『弋』與『橜』互訓。『弋』當就是『橜』。山海經海外北經：『相柳之所抵，厥爲澤谿。』郭璞云：『厥，掘也。』論衡效力篇：『鑿所以入木者，槌叩之也；鍤所以能撅地者，跖蹈之也。』我以爲『橜』義蓋與『厥』『撅』相同，是掘地的鋤頭。『弋』『象折木衺鋭著形』，也就是象鉏的形狀。説文謂『从厂，象物挂之』，乃是由篆文『弋』字的字形而曲解的。甲骨文『𢦏』字和『戔』字都从『弋』作，『𢦏』實是『栽』字的初字，『戔』則是『剗』字。這也可以推知

『弋』是鉏一類的農器。『弋』字，『代』『貣』『岱』『忒』等字用以爲聲符，讀音當與『得』『棏』相同。現在我們家鄉蕪湖一帶農村用鉏鉏地稱爲『棏田』，可能即由此而來。『十』這種農器蓋叫做『棏』，以這種農器鉏地叫做『棏田』。

『𢦏』我以爲也是『戜』字的初字。銅器有𢦏者鐘　𢦏者鼎　𢦏者簋　𢦏伯鼎等器。鐘銘云：

『□三月初吉辛卯，式者作□鐘，用匄偁□，用妥眉彔。用作文考宮伯亯用是保。』

鼎銘云：

『𢦚者作旅鼎，用匄偁魯□，用妥眉彔，用作文考宮伯寶隮彝。』

簋銘云：

『戜者作宮伯寶隮彝。』

𢦏伯鼎云：

『𢦚伯作彝。』

前三器是一人之器。後一器之『𢦚伯』是否就是『式者』，不能確定，但必是同族。這裏『𢦏』有『式』『𢦚』『戜』幾種形狀。這很清楚地說明了這個字字形的演變：由『式』演變爲『𢦚』和『戜』。『戜』顯就是『戜』字。『戜』字从『戈』从『呈』。『呈』與『呈』實相同。如『郢』字金文作『郢』。『戜』和『戠』最初原都就是『𢦏』。以後因爲文字演變，所增加的筆畫不同，遂使字形不同，成爲兩個字。

說文云：

『戜，利也，一曰剔也。』

這個字在古代文獻裏很少見。這兩種字義都難以找到另外的佐證。許慎當有所本。『剔』應當作何解釋，也很難確定。

說文云：『剔，解角也，从刀易聲。』段玉裁說說文『剔』字是徐鉉增加的，删掉了。他認爲古書裏的『剔』字乃是『鬀』字，是『鬀』字之省。他說：

『司馬遷傳：鬄毛髮，嬰金鐵受辱。師古曰：鬄音吐計反。文選作剔毛髮。莊子・馬蹄：燒之剔之。剔皆鬀之省也。』（說文鬀字注）

又說：

『或問大雅皇矣攘之剔之，何謂也。曰：釋文云：字或作鬄。詩本作鬀，譌之則爲鬄，俗之則爲剔，非古有剔字也。又周頌狄彼東南。釋文云：狄韓詩作鬄，鬄亦鬀之譌。』（同上）

若如段氏之說，古沒有『剔』字，『鬄』和『剔』都是『鬀』字的譌誤和俗寫。若此說，『戜』字訓剔，則其義也當爲剃髮。

段氏此說實是不可信的。在古代文獻裏，『剔』字有幾種字義。詩皇矣：『攘之剔之，其檿其柘。』『剔』有刊除樹木之義。墨子明鬼篇：『昔殷王紂……楚毒無罪，刳剔孕婦。』『剔』有剺剖之義。詩抑：『用戒戎作，用遏蠻方。』鄭玄云：『遏當作剔，治也。』『剔』有治義。若如段氏之説，『剔』是『鬄』字的俗寫，其本義是剃髮，則『剔』字這些字義應都是由剃髮引申的了。這很明顯是説不通的。剃髮決不能引申爲刊除草木、剺剖和治。引申必定是原始義在前，引申義在後。如『剔』字始義爲剃髮，引申爲刊除草木、剺剖和治，則剃頭刀的發明應在斧斤等伐木的農器之前了。這顯然不符合歷史事實。

『剔』我疑原與『易』爲一字。『剔』是由『易』孳乳的。説文『易』字義爲蜥蜴，謂是象蜥蜴之形，而不是難易之『易』。但在古書裏，『易』字却所見非鮮。説文也有『傷』『敡』『賜』『鍚』等从『易』作的字。古有『易』字，顯然可見。按『易』有治田除草之義。詩甫田：『禾易長畝，終善且有。』傳云：『易，治也。』孟子梁惠王章上：『深耕易耨。』趙岐云：『易耨，芸苗令簡也。』禮記檀弓：『易墓非古也。』鄭玄云：『易謂芟治草木。』荀子富國篇：『民富則田肥以易。』楊倞云：『易，耕墾平易。』『易』有芟除草木、耕治土地之義。這與詩皇矣『剔』字訓刊除樹木正略同。『易』是『剔』字的初字，似可無疑。

從字形的演變看，『易』必是甲骨文和金文的『』字。『』字卜辭和銅器銘辭都用爲賞鍚之『鍚』。『易』金文又作『』『』，隸變則爲『易』字。金文或又作『賜』及『鍚』，演變則爲『賜』及『鍚』。从字形看，『』蓋是象以農器掘地起土之形，其本義當是耕治土地、刊除草木。後世加『刀』旁成爲『剔』字。『易』義爲治田刊除草木，引申爲剺剖、剃髮。這和

『薙』義爲除草又爲剃髮一樣。因爲『易』『剔』引申爲剃髮，後世又加『髟』作『鬄』或『鬀』。『易』用爲賞錫，則是假借。

『戜』義爲剔，『剔』義爲治田刊除草木，則『戜』義也當是治田刊除草木。這些與『戜』義爲種植相近。

『戜』疑也就是『鐵』字。說文『鐵』字重文作『鐡』，从『戜』。『鐵』字漢簡作『鐡』（見漢晋西陲木簡匯編第一八頁第一〇簡），所从作之『戜』顯然和金文『𢧜』一樣。可見『鐵』字所从之『戜』初必就是『戜』或『戜』。詩秦風駟驖漢書地理志引作『四戜』。『戜』也必是『戜』之譌。由此知『鐵』字初只作『戜』。說文云：『驖，馬赤黑色。』月令云：『駕鐵驪。』『戜』『驖』『鐵』通用，也可知『戜』『驖』『鐵』系一字之變。月令鄭玄注云：『鐵驪色如鐵。』更足證『戜』必就是『鐵』字。『戜』是由『𢦏』演變來的。由此推溯，『𢦏』必就是鐵字的初文。

在中國歷史上什麼時候開始用鐵，這是我國史學上的一個重要問題。現在還沒有正確的一致的答案。我認爲殷墟時代必已經用鐵了。

注：胡澱咸先生早在一九五四年就在其所著殷代生産工具研究一文中提出甲骨文『𢦏』字即鐵字的初文，并結合一系列殷代生産工具的研究，推定殷代已使用鐵製的生産工具。這一重要科研成果，曾被

安徽省上報教育部。兩年後，郭沫若先生在其希望有更多的古代鐵器出土一文（見一九五六年九月八日人民日報）中提出，他也認爲『戜』字是鐵字，并說：『這個戜字的關係很重要，我以往没認識清楚，近年來才體會到了。』

釋戔

甲骨文有『戔』字。此字卜辭多用於戰爭。

『（缺）登人三千乎戔。』（前六・三八・四）

『貞，勿戔𢀛方。』（林二・五・十）

這個字學者釋『戔』，是正確的。説文云：『戔，賊也。』又云：『殘，賊也。』『戔』『殘』二字義相同，『戔』與『殘』必即是一字。『登人三千乎戔』，蓋是説命用三千人殘伐某國。『勿戔𢀛方』當是説不殘伐𢀛方。

史記周本紀：『召公爲保，周公爲師，東伐淮夷，殘奄。』尚書序：『成王伐淮夷，殘奄。』呂氏春秋古樂篇：『成王立，殷民反，王命周公踐伐之。』高誘云：『踐，往也。』畢沅云：『尚書大傳云：周公攝政三年，踐奄。踐之者，籍之也。籍之謂殺其身、執其家、豬其宮。』我們看，『踐』也就是『戔』『殘』。『踐奄』即是滅奄。高誘訓『踐』爲往，實是錯的。

殘滅字古也用『刬』。戰國策齊策：『刬而類，破吾家。』高誘云：『刬，滅也。』呂氏春秋知士篇高誘注同。呂氏春秋觀世篇：『彊者勝弱，衆者暴寡，以兵相刬，不得休息。』『刬』義也爲滅。

墨子備梯篇：『機衝錢城。』『錢』字過去學者多不知應作何解釋。王引之説『錢』是『棧』字之誤，意爲行棧。『城』就是行城（墨子閒詁引）。這不僅增字爲解，也不可通。我以爲『錢』也就是『戔』和『殘』字。『機衝錢城』，是説用衝車攻城。

『戔』『殘』『踐』『刬』『錢』實原就是一個字。『戔』是初字，後世增加不同的偏旁。字形不同，便成爲不同的字。

『錢』『刬』又是農器。説文云：『錢，銚也，古田器。』詩臣工：『庤乃錢鎛。』傳云：『錢，銚也。』齊民要術耕田篇云：『刬，柄長三尺，刃廣二寸，刬地除草。』玄應一切經音義四分律音義云：『刬古文鏟同，初簡切。説文：鏟，平鐵也。今方刃施柄者。』據此，『刬』即是『鏟』。『刬』是『鏟』字的古文，則『戔』應即是『鏟』字本字。甲骨文『』从二『』，有横柄，當是鉏一類的工具。説文和詩傳都訓『錢』爲銚。齊民要術和一切經音義所説的刬也是直柄。這與『』横柄不同。這蓋由於語言用詞的緣故。最初除草平地用横柄的『弋』，後世用直柄的鏟。所用的工具雖然不同，除草平地則是一樣的。所以在語言裏還用同一個詞。

『刬』和『鏟』又有削和平義。玄應一切經音義成其光明定意經音義云：『刬又作鏟同，初簡切。廣雅：剗，削也。聲類：剗，平也。』一切經音義大灌經音義引蒼頡篇云：『鏟，削平也。』説文云：『鏟，……一曰平鐵。』淮南子本經訓：『殘高增下，積土爲山。』高誘云：『殘，墮也。』我以爲『殘』也就是『剗』。『殘高增下』，即將高處鏟平，低下處增高。『剗』『鏟』義爲削及平都是引申義。

總起來説，這個字初字是『戔』。後來加『刀』『金』『歹』乃至『足』旁，便成爲『剗』『錢』『殘』『踐』等字。『鏟』則是後造的形聲字。這個字的本義是除草平地，引申爲平、削和殘滅。

『[illegible]』从二『十』。『十』和『[illegible]』字所之『十』一樣，當也就是『弋』，是鉏一類的農器。從這個字，我們又可以推測，殷代時，在『戔』這個字創造的時候，農業生産必已有鉏一類的生産工具了。

釋屖

甲骨文有『[illegible]』字，又作『[illegible]』『[illegible]』或『[illegible]』等形。這個字學者釋『屖』，或又釋『辟』。釋『屖』是正確的。這個字本義是什麼還不知道。説文云：『屖，屖遲也。』這顯不是它的本義。從這個字的字形和它的演變來看，疑其本義蓋是種植耕作，即『薙』『夷』及『推』『錐』等字的本字。

从『屖』作的字有『稺』字。這個字有兩種字義，一是幼稚，也即是『稚』字的本字。說文云：『稺，幼禾也。』這個字義即是幼，說文訓幼禾，乃是解釋从『禾』的。一是種植。詩閟宫：

『赫赫姜嫄，是生后稷，降之百福。黍稷重穋，稙稺菽麥。奄有下國，俾民稼穡。』

傳云：『先種曰稙，後種曰稺。』可知『稺』義爲種。傳訓『稺』爲『後種』，蓋是因爲『稺』有幼義而附會的。『稺』義爲種，可知『屖』義當爲種。从『禾』乃是後世增加以表義的。

按『屖』與『夷』相通。夷夏之『夷』，甲骨文和金文都作『[illegible]』。後世又作『𡰥』。玉篇云：『𡰥，古文夷字。』尚書泰誓：『受有億兆夷人』，『夷』字敦煌本作『𡰥』。按『屖』也可以作『𡰥』。如說文『遲』字重文作『迡』，籀文作『遟』。又甘泉賦：『靈遟迡兮光輝眩耀。』『遟迡』文選作『⿺辶尸迡』。這也就是說文『屖，屖遲也』之『屖遲』。據此『屖』不僅可以作『𡰥』，更可以逕作『尸』了。漢婁壽碑：『遲⿰彳夷衡門。』又云：『渥⿰彳夷衡門。』孔彪碑：『餘暇徲⿰彳夷。』『遲⿰彳夷』『渥⿰彳夷』『徲⿰彳夷』，也就是『屖遲』。詩四牡：『四牡騑騑，周道倭遲。』韓詩作『倭夷』。又『陵遲』說文作『夌徲』，或又作『陵夷』。又玉篇云：『稺』字又作『⿰禾夷』。據此，『屖』『遲』又可以用『夷』。由這種情形看，『屖』『遲』『𡰥』『尸』『夷』都相通。

按『夷』又與『薙』通用。『夷』義爲除草。周禮稻人：

『凡稼澤，夏以水殄草而芟夷之。』

薙氏：

『薙氏掌殺草，夏日至而夷之。』

左傳 隱公六年：

『如農夫之務去草焉，芟夷蘊崇之。』

『薙』義也爲除草。説文云：『薙，除草也。』周禮 序官 薙氏鄭玄注云：『薙讀如鬀小兒頭之鬀，書或作夷。此皆翦草也。字從類耳。』

『夷』義又爲陳，與『矢』『雉』『尸』相同。禮記 喪大記：『男女奉尸夷於堂。』鄭玄云：『夷之言尸也。』釋文云：『夷，尸也，陳也。』孔穎達云：『夷，陳也。』爾雅 釋詁云：『矢、雉、尸，陳也。』春秋經 隱公五年：『春，公矢魚於棠。』杜預云：『書陳魚以示非禮也。』説文云：『尸，陳也。』

這些字爲什麼字義相同，又可以通用呢？清代學者都用聲音來解釋，説是同音通假。我以爲這乃是文字演變的結果。這個字的本字就是『屖』字。『屖』字本義爲種植，引申爲除草。後世假用『雉』及『薙』字，所以『薙』義也爲除草。『雉』字甲骨文作『』，从『矢』从『隹』；或又作『』，从『夷』从『隹』。『⿰夷隹』省爲『夷』，故『夷』義也爲除草。『夷』義爲夷平、夷滅。這都是由『夷』義爲除草引申的。『薙』義又爲鬀髮，與『鬀』『鬄』通用。這也

是由『薙』義爲除草引申的。

『矢』『夷』義爲陳。這也是『雉』字之省。卜辭『雉』字義爲陳。卜辭每言『不雉衆』。『不雉衆』即不陳衆。『雉』甲骨文有『雉』及『⿰夷隹』二形。『雉』省作『矢』，『⿰夷隹』省作『夷』，故『矢』『夷』義都爲陳。

說文云：『尸，陳也，象臥之形。』『尸』義爲陳，舊都以爲是由祭祀之『尸』引申的。我以爲『尸』義爲陳即是『夷』義爲陳。由於文字演變造成混淆，乃致與祭祀之『尸』相亂。祭祀之『尸』，甲骨文作『』。夷夏之『夷』，甲骨文和金文作『』及『』，二字字形相近。因此，隸變時二字都作『尸』。『屖』字後世也省作『尸』，于是這三個字字形便都相同，彼此混淆。『屖』字後世改用『夷』字，所以夷夏之『夷』，也改用『夷』字。說文云：『夷』爲『東方之人』。但對這個字的字形和字義怎樣相應，自來都無法解釋。這就因爲不知道這個字演變的歷史，不知道『夷』不是本字的緣故。訓陳之『尸』乃是『屖』字之省，所以其義與『夷』相同。由於字形混淆，誤以爲祭祀之『尸』。

因爲『屖』假用『雉』『薙』字，『雉』又省作『夷』，故『屖』和从『屖』作的字也改用『夷』或从『夷』作。如『屖』作『夷』或『徲』，稺作『稊』。

國語齊語：

『惡金以鑄鉏夷斤斸，試諸壤土。』

管子小匡篇：

『惡金以鑄斤斧鉏夷鋸欘。』

『夷』也是農器。尹知章云：『夷，鋤類也。』上面我們從文字的演變推溯，『夷』字的本字是『屖』。『夷』作爲農器，必是由『屖』義爲種植引申的。這就是『屖』義爲種植，種植用的農器也就叫做『屖』。『屖』字甲骨文作『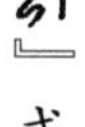』或『』。『』和『』當是農器。『屖』字後世假用『雉』及『薙』字，『稺』字後世作『稚』，從這個字演變的規律來看，疑『稺』也是『推』字的本字。『』和『』當就是錐。

『薙』『夷』又與『弟』相通。古書徵云：『薙之爲言弟也。』易：『匪夷所思。』釋文云：『夷，荀作弟。』又：『夷于左股』，釋文云：『子夏作睇，鄭、陸同。』從這個字的演變看，疑『弟』字的本字也就是『屖』字。『稺』字義爲幼，『弟』義也爲幼。國語吳語：『將不長弟，以力征一二兄弟之國。』韋昭云：『弟猶幼也。』管子小匡篇：『有不慈孝於父母，不長弟於鄉里。』『弟』義也爲幼。由此，我疑『屖』義也爲兄弟之弟。

卜辭和銅器銘辭『屖』字已用爲兄弟之『弟』。

『乙巳卜，𠂤貞，王弗其子屖。』（甲三〇一三）

『戊午卜，王上㚔子屖。』（徵·人名一）

『戊午卜，王勿御子屖。』（同上）

「中子子屖。」（同上）

這都「子屖」連文，「屖」可能就是弟。不過這幾條卜辭辭意還不十分明瞭。「子屖」是否就是「子弟」不能肯定。

「癸酉卜，貞，牢豕，屖兄□禁麑豕。翌日戊寅（缺）王（缺）□（缺）□。」（纂六一五）

「丁丑卜，貞，牢逐，屖兄□禁麑豕。翌日戊寅，王其□（缺）□，王弗每，□。」（同上）

這裏「屖兄」二字連文。這兩條卜辭很難解釋，疑這是卜殷王和他的弟兄一道田獵，逐捕麑的。「牢」字說文所無，不識，在卜辭中都是地名，是殷王常去田獵的處所。在這裏仍是地名。「牢逐」蓋謂在「牢」田獵逐獸。「屖兄」疑就是「弟兄」。「禁」說文謂是「麓」字的古文，卜辭也都以爲「麓」字。「□禁」蓋也是地名。「麑豕」，「豕」疑「逐」字之誤，脫刻「辶」。這兩條卜辭蓋是說在「牢」田獵，王和他的弟兄在□麓逐捕麑。

「（缺）申卜，多□□其（缺）。」（粹一二八〇）

「多□□」學者或釋「多辟臣」。「辟臣」就是「嬖臣」。「□」實是「屖」字，不是「辟」字。「□」也不是「臣」字。我以爲「□」乃是「皀」字，下漏刻一横畫，也即是「鄉」字未刻全者。這應是「多屖鄉」。這與「叀多生鄉」（新獲一九七）、「甲寅卜，彭貞，多子其鄉」（甲二七三四）語例一樣。「多屖」與「多生」「多子」「多觥」語例相同，「屖」似非是兄弟之「弟」不可。

又卜辭：

「弜弅。屖弅。叀多母弅。」（綴合編一〇一）

「屖」與「多母」并舉，「屖」也必是「弟」。

商器有麋婦觚，銘辭云：

「麋婦□貝□⿰戈凡用□屖日乙障彝。」

「屖日乙」，與殷周銅器銘辭習見之祖日某、父日某、兄日某等語例完全一樣，更足證「屖」必定是「弟」。

叔尸鐘：

「丕顯皇祖，其作福元孫，其萬福屯魯。龢能而九事，卑若鍾鼓，外内剴屖，⿰先戈與。」

「屖」舊釋「辟」，下面兩個字或釋「都俞」，或釋「都譽」，皆不確。這實是兩個疊字。「⿰先戈」从「戈」从「先」，疑與秦公鐘之「銑」同字。秦公鐘云：「其音銑銑，雝雝孔煌。」「銑銑」狀鐘聲和諧。疑「⿰先戈⿰先戈」義也爲和諧。「與」疑爲「與」字，也即是說文之「舉」字。說文云：「舉，趣步舉舉也。」論語鄉黨篇：「踧踖如也，與與如也。」馬融云：「與與，威儀適中之貌。」「剴屖」當即是「豈弟」。「外内剴屖，⿰先戈⿰先戈與與」，是說外内樂易，和睦莊敬。

說文云：

「弟，韋束之次弟也。从古文之象。……弟，古文弟从古文韋省，丿聲。」

這顯然是胡亂解釋。這是因爲許慎不知道這個字的歷史，無法解釋，不得不亂猜。從字形的演變看，「弟」實也和「夷」一樣，是「雉」之省。說文「雉」字的古文作「⿰矢弟」，云：「⿰矢弟，古文雉从弟。」由此可知，「弟」必是「⿰矢弟」字所从作之「夷」。

「⿸厂屖」疑也是「銕」字的初字。說文云：「銕，古文鐵从夷。」墨子備城門篇：「五築有銻。」孫詒讓云：「銻疑當作銕，銕即夷也。」從這個字的演變講，「銕」和「銻」確應即是一個字。

說文云：

「銻，鎕銻也。」

又云：

「鎕，鎕銻，火齊也。」

徐鍇、段玉裁謂火齊是珠。徐鉉謂如珠。鹽鐵論散不足篇：「唐銻追人，奇蟲胡妲。」「唐銻」又不像是珠。但不論怎樣，「鎕銻」必不是銕。

按說文又云：

「厗，唐厗石也，从厂犀省聲。」

玉篇云：

「厗，唐厗石，又古文銻字。」

「厗」是「⿸厂屖」字之省，是「銻」字的古文，可知「⿸厂屖」也必是「銕」字的古文。「⿸厂屖」是

『銕』字本字，則唐厗石應就是鐵礦石。藝術叢編著録鐵苗一件，題爲『唐銕苗』，更足證唐厗必就是鐵。

『厗』是『銕』字的本字。我們似不能不承認殷墟時代業已用鐵。『厗』字甲骨文作『□』或『□』，所从作『□』和『□』都象有尖鋭的鋒鍔，可以推想，必不是石製的而是金屬製的，疑即是鐵製的。

釋㗊

甲骨文有『□』字。這個字學者釋『侖』，或釋『襄』。這個字在卜辭中字義很難了解。所以應釋爲何字，不易確定。這個字釋『侖』釋『襄』都不誤。我以爲此字也應是説文『𤕦』字的初字。金文有『□』字，學者釋『襄』。學者釋『□』爲『襄』也就因爲『□』从『□』作。『□』是『襄』字，則『□』自應即是『襄』字所从作之『𤕦』。『侖』則是由『㗊』孳乳的。

説文云：『𤕦，亂也，从爻工交吅；一曰窒𤕦，讀若禳。』又云：『襄，漢令解衣耕謂之襄，从衣𤕦聲。』詩牆有茨：『牆有茨，不可襄也。』傳云：『襄，除也。』『襄』義蓋爲耕田除草。『襄』从『□』作，當也有耕義。

金文也有『□』字。在銅器銘辭中，這個字有幾種用法：一用於戰爭，如□鼎：『攻□無商

（敵）』。二用爲『穌』字的義旁。『穌』字金文有作『⿰鬲禾』者。三與鐘相連。如莫井叔鐘：『莫井叔⿰鬲禾𠕎鐘。』必須要把卜辭和這些用法都解釋得可以暢通，這個字才可以得到比較正確的解釋。

這個字我以爲可以釋『襄』。

疐鼎：

『王令遣戢東反尸。疐肇從，趞征，攻𠕎無啇（敵），省于人身孚戈。』

『𠕎』舊釋『戰』。郭沫若釋『龠』，謂『當讀爲⿺走龠或躍』，『攻𠕎無啇實是攻躍無敵』（郭沫若釋穌言）。此字釋『戰』自屬錯誤，但以爲『⿺走龠』『躍』也不安妥。戰爭或戰斗不能說『攻躍』。『𠕎』字在此義自爲攻擊。我以爲這當釋『襄』，即詩出車『玁狁於襄』之『襄』，也即是『攘』。『攻𠕎無啇』，意謂攻攘無敵。

還有一個字似也可以證明『𠕎』當是『襄』字。玉篇有『⿰𠕎刂』字，云是古文『刻』字。這個字正从『𠕎』作。說文無『⿰𠕎刂』字而有『⿰鼎刂』字，云是古文『則』字。段玉裁謂『⿰鼎刂』乃是『⿰𠕎刂』字的譌變，而誤係於『則』字之下者。按叔尸鐘有『⿰⿱山𠕎刂』字，薛尚功釋『刻』（參看金文編）。此字形和『⿰𠕎刂』『⿰鼎刂』相近。薛尚功所以釋『刻』，或者他所見到的說文誠如段玉裁所說『⿰𠕎刂』字是係在『刻』字之下的，或者他是根據玉篇的。據此，『⿰𠕎刂』和『⿰⿱山𠕎刂』應就是一字，叔尸鐘：

『及其高祖，虩虩成唐，有嚴在帝所，敷受天命，⿰⿱山𠕎刂伐頣司，敳氒靈師，伊小臣隹輔，或有九州，處禹之堵。』

這段銘辭是述商湯滅夏爲王的。『頭』是『夏』字。『司』義與『祀』同。『𠟭伐頭司』就是『𠟭伐夏祀』，若『𠟭』釋爲『刻』，『刻伐夏祀』，文義不妥貼。我以爲『𠟭』當釋爲『襄』，也即是『攘』，『攘伐夏祀』，文義甚爲明白。『𠟭』就是『剮』字。『剮』顯是由『咼』孳乳的。可知『咼』必就是『襄』及『攘』。『剮』義爲刻，蓋是別一引申義。

現在我們再看一看『咼』在卜辭裏的用法。

『壬子卜，旅貞，王賓咼，亡囚。』（前五、一九、二）

『乙丑卜，貞，王賓咼，亡囚。』（前五、一九、四）

『戊戌卜貞，王賓咼，亡囚。』（同上）

『（缺）賓咼，亡囚。』（林二、七、四）

此處『咼』學者都以爲是祭名，即禴祭。按禴祭是祭祀祖先的。而這種卜辭不見有祖先之名。所以這是不是祭祀是很可疑的。我以爲此處『咼』當是禳。這裏值得注意的有兩點：一是沒有祖先的名字，二是辭末用『亡囚』。卜辭辭末往往有『亡尤』『亡壱』『亡巛』『亡𢦏』『亡𡿧』『亡囚』『亡猒』等語。這些詞語的用法是不同的。大凡祭祀的卜辭多用『亡尤』和『亡壱』。意思是説無過。田獵的卜辭則多用『亡巛』『亡𢦏』或『亡𡿧』，意思是説沒有災。『亡囚』『亡猒』則多用於卜夕、卜旬、卜外出。這是卜問這一夜、下一旬或外出有沒有禍。上面所舉的卜辭都用

『亡囚』，與卜夕、卜旬、卜外出一樣，也必是卜問有没有禍的，而不是祭祀。我以爲『⿱吅冊』是『襄』字，也就是『禳』。説文云：『禳，磔禳，祀除殃厲也。古者燧人禜子所造。』周禮天官女祝鄭玄注云：『卻災異曰禳。』禳是卻除災殃，所以説『⿱吅冊，亡囚』。

又卜辭：

『戊戌卜，□貞，王賓中丁彡，⿱吅冊，亡囚。十月。』（粹二二〇）

『戊戌卜，尹貞，王賓父丁彡，⿱吅冊，亡囚。』（佚三九七）

『戊午卜，旅貞，王賓大丁彡，⿱吅冊，農，亡尤。十二月。』（戩二九）

『戊辰卜，旅貞，王賓大丁彡，⿱吅冊，農，亡尤。十一月。』（續一·九·二）

『（缺）甲彡，⿱吅冊，叙，亡尤，在十二月』。（庫方一七六九）

這種卜辭都有祖先，『⿱吅冊』似可以釋爲禴祭。但我以爲仍應釋『禳』。這裏值得推敲的仍舊是『亡囚』和『亡尤』的用法。在這些卜辭中可以看到一種現象，即直接與『⿱吅冊』相接者都仍用『亡囚』，與『⿱吅冊』不相接者則用『亡尤』。其所以有這種分别，我以爲乃是刻辭的省略。『彡⿱吅冊』是舉行彡祭之後又舉行『⿱吅冊』。『彡⿱吅冊農』是舉行彡祭之後又舉行『⿱吅冊』；『⿱吅冊』之後又舉行『農』祭。前一種最後是『⿱吅冊』，所以用『亡囚』；後一種最後是『農』，所以用『亡尤』。『⿱吅冊』仍舊不是對祖先的祭祀。這仍和『賓⿱吅冊亡囚』一樣。『⿱吅冊』當仍爲禳。

從上面的考察看，『⿱吅冊』是『毀』字的初字，也即是『襄』字，似無可疑。

『襄』義爲耕。從字形看，我以爲『㽙』當就是耦耕。這個字字形是象兩件農器同時刺土之形，正象所謂『二耜爲耦』。

關於耦耕，近代學者有許多人都說是二人共發一耜。這實是錯誤的。二人共發一耜，於理就講不通。農民耕田爲什麼必須二人共發一耜呢？如果說耦耕是二人共發一耜，當不外下列幾種理由：一、耜這種農器太重，非一人之力所能舉，必須二人合力；二、土地堅硬，必須二人合力始能刺入；三、二人共發一耜，力量較大，刺土可以更深些。此外我們似再也想不出其他的理由了。我們試稍思索一下，便知這幾種理由都說不過去。第一，耜這種農器決不是一人之力拿不起來的。我們可以推想，農人種田決不會使用這樣笨重的農具，必須兩個人合力才能拿得起來。這樣笨重的農器不但使用不便，也不需要。第二，耕田的時候，欲啓堅掘深，二人合有一件農器，不唯無益，反而有害。因爲二人合用一件農器，彼此互相牽制，極不方便，反使工作緩慢，不能達到啓堅掘深的目的。與其如此，反不若人各執一耜，工作靈便迅速。啓堅掘深，只要多掘幾下便可。所以以耦耕爲二人共發一耜，無論如何是說不通的。這乃是毫無實際農業勞動經驗和知識的書呆子的話。

近代學者又往往將耦耕與牛耕對立起來，以爲在牛耕未發明以前用人力耕田便是耦耕。《論語》：『長沮桀溺耦而耕。』有人便據此以爲春秋時代還是人耕而不是牛耕。這也是錯誤的。最早牛耕未發明以前，誠然是用人力耕田，耦耕誠然也是用人力的。但不能將此二者混爲一談。耦耕是耕作方式的一種，是二人共同耕作。此外也還有一人單獨耕作或三人共同耕作的。在牛耕未發明以前固然有耦耕，在牛耕發明以後仍然可以有耦耕。它與牛耕並沒有前後相連的關係。怎麼能以之與牛耕對立，而謂有耦耕便無牛耕呢？

耦耕實是二人各執一耜，共同耕作。

周禮匠人：『耜廣五寸，二耜爲耦。』

說文：『耦，耕廣五寸爲伐，二伐爲耦。』

詩噫嘻鄭箋：『耜廣五寸，二耜爲耦。』

吴語韋昭注：『二耜爲耦。』

周禮匠人疏：『耜爲耒頭金。金廣五寸。耒面謂之庛，庛亦當五寸。云二耜爲耦者，二人各執一耜，若長沮桀溺耦而耕。此二人耕，共一尺一寸。』

可知自來學者釋耦耕都說二耜共作，從未見有人說二人共發一耜的。賈公彦謂『二人各執一耜』，尤爲明白。其實這是很清楚的。耦耕自來都說二耜爲耦，從沒有人說二人爲耦的。這分明是說兩件農器。既然是兩件農器，則必定是二人各執一件，而不是二人共用一件。

學者以耦耕爲二人共發一耜，蓋由於誤解周禮匠人鄭玄注。鄭注云：

『古者耜一金，兩人並發之。……今之耜頭兩金，象古之耦也。』

學者蓋即誤以『古者耜一金，兩人並發之』意爲兩人共發一耜。按這句話實不是這樣解釋的。鄭玄箋詩、注論語都説二耜爲耦，何以這裏又忽謂兩人共發一耜呢？他必不會這樣自相矛盾的。他這句話是解釋「二耜爲耦」的。「古者耜一金」，是説古代耜的形制是耜頭一金，與漢時耜頭兩金不同。「兩人並發之」，是説兩人同時發土，並不是説二人共用一耜。下面説「今之耜頭兩金象古之耦」，是説明古代「二耜爲耦」。如果他認爲耦耕是二人共發一耜，則這句話便不通了。

耦耕是二人各執一耜共同耕作，「□」豈非正象這種形狀?!「□」當就是象二耜，「□」則表示刺地入土之形。

「⿱吅冊」（⿱吅殳）「襄」本義爲耦耕，引申爲除、爲攘及禳，又引申爲亂。

「⿱吅冊」字或又釋「龠」，「象編管之形」。這是由「龢」字金文或作「⿰⿱吅冊禾」及「龢」推測的。從字形講，此字釋「龠」是對的。但説是樂器，象編管之形則不確。「龠」是什麽樣的樂器自來就没有正確的解釋。説文云：「龠，樂之竹管，三孔以和衆聲也，从品侖，侖，理也。」詩簡兮傳云「龠」六孔。廣雅釋器又説就是笛，七孔。説文之説，是从篆文「龠」字的字形猜測的。詩傳和廣雅之説也是臆度。管樂决不會有三孔的。三孔不能成聲。説「龠」爲三孔的樂器，樂理上説不過去。管樂不論笛或簫必須要有六孔或七孔，這樣才能成聲。所以詩傳説六孔，廣雅説七孔。古代學者對「龠」這種樂器解釋所以這樣紛異，實因爲根本就没有這種樂器。大家都没有見到過這種樂器，自然只有亂猜。我以爲「龠」乃是管樂的泛稱。因爲竹管中間是空的，可以吹，所以稱之爲『龠』。禮記明堂位云：『土鼓、蕢桴、葦籥，伊耆氏之樂也。』葦決不可能做成三孔、六孔或七孔的樂器。這必是葦中間是空的，可以吹，所以叫做葦籥。『龠』既不是樂器，則『⿱吅冊』便也決不是象編管之形。我們說『⿱吅冊』是耦耕。耦耕是二人合力，共同耕作，故引申爲和。這與『劦』字本義爲多人合力耕作，引申爲協合、協和一樣。金文『龢』字从此作，是用以表義。

銅器銘辭：

『易女史小臣霝⿱吅冊鼓鐘。』（大克鼎）

『奠井叔作霝⿱吅冊鐘，用妥賓。』（奠井叔鐘）

『叕于我霝⿱吅冊，俾龢俾孚。』（者瀘鐘）

此處『⿱吅冊』學者也或釋『龠』，謂『疑以籥爲調協鐘之器』，『古人似以籥爲音媒』。按銅器銘辭言鐘者，或言『龢鐘』，或言『薔鐘』，或言『歌鐘』，或言『鈴鐘』，都是形容鐘聲和諧的。從辭義看，此處『霝⿱吅冊』當也是形容鐘聲和諧的。『霝』疑即『⿰王霝』字的初字。揚雄法言：『瓏⿰王霝其聲者，其質玉乎。』『⿰王霝』是玉聲。說文無『⿰王霝』字。我以爲即是『玲』字。說文云：『玲，玉聲也。』音義與『⿰王霝』相同。按古代『霝』字後世往往改用『令』字，或改从『令』作。如『令終』銅器銘辭都作『霝冬』。詩東山『零雨其濛』，說文引作『霝雨其濛』。『玲』字也是一樣。這個字蓋最初假用『霝』字。由『霝』孳乳爲『⿰王霝』。後世又改用『令』爲聲旁成爲『玲』

字。『𠕋』在此疑當讀爲『龤』，也就是『龤』字的初文。説文云：『龤，樂和龤也，从龠皆聲。虞書曰：「八音克龤。」』『龤』是以『龠』表義，可知『𠕋』義必爲諧。『靁𠕋』當是説鐘聲和諧。『龤』又作『諧』。『八音克龤』，今尚書堯典作『諧』。廣雅釋詁云：『諧，耦也。』又云：『耦，和諧也。』説文云：『諧，詥也。』淮南子時則訓高誘注云：『耦，合也。』『諧』与『耦』同義。由此也可以證明『𠕋』必定是耦耕。『龤』義爲和諧是由耦耕，即由二人合力引申的。

我疑『僉』和『刪』也是由『𠕋』孳乳和省變的。『劍』字金文作『鐱』『鐱』『鐱』『鐱』『鐱』等形（參看金文編）。很清楚可以看出，『劍』字所从之『僉』必是『[illegible]』或『[illegible]』演變的。説文云：『僉，皆也……虞書曰：僉曰伯夷。』古書『僉』都訓皆。『僉』義何以爲皆呢？這也必是由耦耕，即二人共同耕作引申的。

説文有『㤁』字。云：『㤁，疾利口也，从心从冊。詩曰：相時㤁民。』『相時㤁民』是尚書盤庚語。『㤁』今本作『憸』。又尚書立政：『國則罔有立政，用憸人。』『繼自今立政，其勿以憸人。』釋文並云：『本又作㤁。』尚書冏命：『爾無昵於憸人。』釋文作『爾無昵於㤁人』。汗簡『儉』作『㤁』。『㤁』『儉』二字相通。段玉裁謂『憸』和『㤁』『異字、異音、異義』。盤庚作『憸』、立政作『㤁』，都是『淺人所改』（説文『㤁』字注）。我們看，恐不是這樣簡單。説文云：『憸，詖也，憸利於上，佞人也』。『㤁』義爲『疾利口』，『憸』義爲佞人，不是一樣嗎?!『憸』和『㤁』徐鉉都音息廉切，聲音不也是一樣嗎?!二字義同音同，古書又可以通用，只是字形不同而已，怎麽能説是異字異音異義呢？段玉裁往往在他解釋不通時，便説『淺人所改』。這實是遁辭。這是因爲他不從文字演變發展上研究，遇到這樣的情況，就不知其所以然，無法解釋，於是便武斷地説是『淺人所改』。

我以爲『⿱冊心』與『⿱㑒心』乃是異體字。『⿱㑒心』字所從之『僉』，『⿱冊心』字所從之『册』，都是由『𦉪』演變的。『𦉪』加『亼』成爲『僉』，『⿱冊心』則是『𦉪』字之省。這兩個字是異體字，所以音義皆同，又可以通用。

説文云：

『删，剟也，从刀册，册，書也。』

這顯然是説不通的。若依許氏之説，『删』字本義應爲删書，也就是孔子删詩書。按孔子删書是否有其事還是疑問。即使有其事，也是一件偶然的事、孔子個人的事。孔子删書，在當時語言的詞匯中難道就没有一個現成的詞可用嗎？爲什麽會由於這樣一件偶然的、個人的事創造一個新詞呢？又爲什麽爲此特造一個字呢？這是理所必無的。許慎此説乃是站在儒家立場上曲解文字的。我們疑『删』字乃是和『⿱冊心』一樣，由『𦉪』省變的。『删』義爲剟，乃是和『襄』義爲除一樣，是由耦耕引申的。

『𦉪』本義是耦耕，是象二耜剌地之形。如我這種考察不誤，則我們由此可以推知，在這個字創造的時候，我國農業生産勞動就已有耦耕，當時的農器就已經有耜。

釋䇂辛屰啇辪朔

說文云：『䇂，辠也，从干二，二古文上字。』許慎的意思蓋是說『䇂』字是表示犯上，犯上所以有罪。甲骨文沒有『䇂』字，但有从『䇂』作的字。說文云：『妾……从䇂从女。』甲骨文『妾』字作『』。由此可知『䇂』必就是『』。『』根本不是从『干』从『上』。說文之說顯是錯誤的。這乃是站在封建統治階級的立場上，根據篆文的字形曲解的。

『䇂』和『辛』是不是一個字，過去學者意見不一。王國維說不是一個字（見釋辥，觀堂集林卷六）。郭沫若說是一個字，并謂『䇂』和『辛』都是剞劂（見釋干支）。按郭說是對的。甲骨文从『䇂』作的字也可以从『辛』作。如妾字作『』，又可以作『』。

郭沫若謂『䇂』『辛』是剞劂。『䇂』『辛』是工具似無問題。甲骨文『』『』都从『』作。『』不識，但從字形看顯是象以『殳』擊『』之形。『』是『戠』字，即『植』字的本字，是象用『弋』及『』兩種農器種植。『』很明顯是工具。詩小毖：『莫予荓蜂，自求辛螫。』『辛』有刺義。這也可以推知『䇂』當是工具。『䇂』是工具，引申爲刺。『䇂』『辛』蓋是表示鋒刃向下的工具，不一定是剞劂，手工業工具和農器都是一樣。

甲骨文有『』字，或又作『』。這個字王國維、郭沫若都說也是『䇂』字。郭氏並謂也

就是剞劂，是象剞劂『縱剖的側面』（見釋干支）。甲骨文編也以爲是『辛』字。『丂』確與『辛』『辛』有關，但謂是象剞劂縱剖的側面，恐不確。『辛』『辛』不論是刻鏤的刀或農器，其『縱剖的側面』不能成『丂』或『丂』的形狀。我疑『丂』乃是在『丫』或『丫』下加一『乛』。這一畫乃是表示動作，表示用『丫』這種工具刻鏤或掘地。這個字字形與『辛』『辛』不同，卜辭也不見通用，實不是一個字。

我以爲這乃是『屰』字的初字。說文云：

『屰，不順也，从干下凵屰之也。』

按甲骨文从『丂』作的字有『⿱丂可』（啇）『⿱丂可』（辥、蘖）及『⿰丂月』（朔）等字。說文謂『啇』『讀若蘖』，『⿰皀丂』卜辭用爲禍蘖字，也就是『蘖』字的初字。這兩個字都从『丂』作，聲音相同，當是由『丂』得聲。『啇』『⿰皀丂』聲音與『屰』相同，『丂』與『屰』當也聲音相同。『⿰丂月』就是『朔』字。『朔』字所从之『屰』當是由『丂』演變的。從這個字的聲音和字形演變看，『丂』應就是『屰』字的初文。說文謂『屰』是『从干下凵屰之』，蓋是從篆文的字形推度的。

我以爲『丂』義也爲掘，是象用『丫』這種工具掘地之意。按从『屰』作的字大多有掘義。

欮　玉篇：『欮，掘也。』

厥　說文：『厥，發石也。』山海經海外北經：『共工之臣曰相柳氏。……相柳之所抵，厥爲澤谿。禹殺相柳，其血腥，不可以樹五穀種。禹厥之，三仞三沮，乃以爲衆帝之臺。』郭璞云：『厥，掘也。』

蹶　莊子秋水篇：『子獨不聞夫埳井之鼃乎？謂東海之鱉曰：吾樂與，跳梁乎井幹之上，入休乎缺甃之崖，赴水則接腋持頤，蹶泥則没足滅跗，還虷蟹與科斗，莫吾能若也。』『蹶』義也顯爲掘。

撅　論衡效力篇：『鑿所以入木者，槌叩之也；鍤所以能撅地者，跖蹈之也。』

闕　左傳隱公元年：『若闕地及泉，隧而相見。』杜預謂『闕，穿也』。後漢書周舉傳注作『若掘地及泉』。『闕』義也爲掘。

『欮』『厥』『蹶』『撅』『闕』義都爲掘。我以爲這乃是因爲這些字是一字之孳乳，即由『屰』輾轉演變的。由此推溯，『屰』義當爲掘。説文云：『㮰，判也。』『塝，裂也。』這兩個字當也是由『屰』孳乳的。其義爲判爲裂疑都是由『屰』義爲掘引申的。又『厥』與『屈』古通用，左氏文公十年春秋經：『楚子蔡侯次於厥貉。』公羊作『屈貉』。左氏襄公元年春秋經『夏，晋韓厥帥師伐鄭。』公羊作『韓屈』。剞劂之『劂』説文玉篇都作『剧』。淮南子俶真訓『鏤之以剞剧』，也作『剧』。疑『掘』原就是『厥』或『撅』。後世改用『屈』爲聲旁，乃成爲『掘』字。如這種考察不誤，也足證『屰』義爲掘。

金文有『辝』字，从台从亏。晋姜鼎：『余隹司朕先姑君晋。……用召所辝辟，妥揚辝光烈。』

叔尸鐘：『公曰：尸，女敬共⿰⿱台乎亏命，女應鬲公家。……余命女嗣⿰⿱台乎亏釐邑。』

𩐋鎛：『枼萬至于⿰⿱台乎亏孫子勿或俞改。』

邾公牼鐘：『余翼龏威忌，鑄⿰⿱台乎亏龢鐘二鍺。』

這個字宋清學者多釋『治』。近代學者或謂『誼與其同』（見容庚金文編）。或謂是『台』字，義爲予（見郭沫若公伐郐鐘之鑒別及其年代）。或以爲是說文『辤』字的籀文『辝』字（增訂金文編）。從辭義和語法看，這個字釋『治』決不可通。釋『台』義也不安。從字形看，這個字與『辤』字的籀文『辝』相同，但字義仍不合。這個字在這裏實是個冠詞，與『乎』『其』『厥』用法一樣。『鑄⿰⿱台乎亏龢鐘二鍺』與『鑄其龢鐘』（邾公華鐘）、『鑄其寶鐘』（叔尸鐘）、『鑄其龢簠』（邾太宰簠）語例顯然一樣。『用召所⿰⿱台乎亏辟』與『用義厥辟』（尚書君奭）、『昭事厥辟』（尚書文侯之命）語例也相同。『⿰⿱台乎亏』在此是個冠詞是很明顯的。

金文又有『[illegible]』字，从『台』从『乎』。或作『[illegible]』，从『怠』从『乎』。

齊⿱匋革氏鐘：『用亯㠯孝于⿱台乎皇祖文考。』

王孫遺者鐘：『余恁⿱台乎心，征永余德。』

徐王義楚鍴：『用亯□于皇考及我文母，永保⿱台乎身。』

這個字學者或也釋『台』，義爲予（見公伐郐鐘之鑒別及其年代）。從文義看，釋『台』也不妥。這個字在這裏也是冠詞，用法和『乎』『⿰⿱台乎亏』一樣。這個字从『台』从『乎』，我以爲也是

『乇』字，乃是『乇』字的別構，也就是『乇』加『台』旁。『乇』可以加『台』，以此例推，『⿰台亐』當也是和『⿰台乇』一樣，是『亐』加『台』旁的。換句話説，『⿰台亐』當也就是『亐』。

『⿰台亐』字用爲冠詞。古書『厥』字也用爲冠詞。我們疑『⿰台亐』就是『厥』。這兩個字都是由『亐』孳乳的，音義皆同，所以通用。如這種考察不誤，也可以證明『亐』是『厥』字的初文。

『⿰台亐』字金文編以爲是説文『辭』字的籀文『辝』字。從字形講，這是可信的。甲骨文金文从『亐』作的字篆文多變爲从『辛』。如『⿰𠂤亐』字篆文作『⿰𠂤辛』。説文又謂『枱』字籀文作『⿰枲辛』，从『辝』。説文云：『枱，耒端也，从木台聲；鈶，或从金；⿰枲辛，籀文从辝。』據此，則『⿰台亐』也應是『枱』字，『⿰枲辛』字从『木』乃是後加的。『⿰台亐』就是『亐』字，由此推溯，則『亐』應也就是『枱』字的初文。從這幾個字的字形看，『枱』當是由『亐』——『⿰台亐』——『⿰枲辛』——『枱』這樣演變來的。

在卜辭裏，『亐』字字義還不能確知。

『癸丑卜，賓貞，亩貝，令臣⿰𠂤辛亐。』（後下三四·五）

『癸丑卜，賓貞，乎臣⿰𠂤辛亐。』（同上）

『丙寅卜，兄貞，令子虜亐，十月。』（前五·四·二）

『貞，勿乎亐。』（林二·二一·五）

這些卜辭辭意爲何很難了解。『亐』在這裏其義爲何很不容易解釋。

甲骨文从『⿱辛丂』作的有『⿱辛口』字。這就是說文之『啇』字。說文云：『啇，語相訶歫也，从口歫辛。辛，惡聲也，讀若櫱。』

這自然是不正確的。王國維謂是『⿱辛丂』之繁文（見觀堂集林釋辥）。我疑乃是開辟之『辟』字的初文，是象掘地之意。

說文云：

『辟，法也，从卩从辛，節制其辠也，从口，用法者也。』

近代研究古文字的學者又以『辟』與『辟』爲一字。增訂殷墟書契考釋云：『⿰卩辛古金文作⿰卩啇，增○乃璧之本字，从○辟聲，而假爲訓法之辟。詩書从口，又由○而譌也。』

這些解釋實都是錯誤的。這都没有正確地認識這個字的字形，訓釋也都是想象之辭。金文『辟』字有作『⿰卩啇』形者，有些象从卩从辛从○。但此外還有下列的寫法：

⿰卩啇（辟東尊）　⿰卩啇（作册魖卣）

⿰卩啇（師害簋）　⿰卩啇（麥尊）

這顯不是从卩从辛从口或○，而是从『卩』从『啇』。說文所以謂『辟』是从『卩』从『辛』从『口』，乃是因爲金文把『啇』字曲畫寫得稍直，篆文便變成直畫成爲『辛』字，又把『口』稍左移的緣故。這和『辥』字原作『⿱𠂤丂』，从『⿱辛丂』，篆文也變作从『辛』一樣。麥尊：『雩若翌日，在珂雍。』『珂』顯就是『辟』字。由此可以推知，『啇』必就是『辟』字的初字。『珂』『辟』當都是由『啇』孳乳的。從字形推測，『啇』字从『亏』从『口』，當是象掘地之意。

卜辭：

『啇田亡𢦔。』（京津四四六五）

『叀王射啇[illegible]，弗𠦪。』（京津四四九〇）

此處『啇』當是地名。

『貞，令啇畯于（缺）。』（前四・二六・五）

『丙寅卜，賓（缺）子虜啇畯（缺）。』（後下八・一）

這兩條卜辭辭意不容易了解。『畯』爾雅釋言和說文都謂是農夫。詩七月傳謂是田大夫。『啇』在這裏釋爲開辟土地，不可通。按金文『嗣』字或又作『⿰𤔔啇』。銅器有『⿰𤔔啇工爵』。又兮甲盤：『王令甲政⿰𤔔啇成周四方責。』『嗣』字从『司』作，又可从『啇』作，『啇』與『司』義當相同或相近。此處『啇』義疑就爲司。『畯』爲農夫。『啇畯』疑意謂管理農民。

『丙（缺）乇（缺）令乍啇。』（後下十・五）

這句話也不容易確切地解釋。國語吴語：『譬如農夫作耦，以刈殺四方之蓬蒿。』『作啇』與『作耦』語例略同。疑『啇』義就爲開辟土地。『令作啇』即命令開辟土地。

『貞，乎啇于西。』（戩二六・七）

這裏『⿱辛可』義疑也爲開辟、墾辟。這是説命令人往西方開辟土地。

甲骨文从『□』作的字又有『□』字。這個字王國維釋『辥』是對的。但王氏對這個字的字形和字義的解釋則不正確。王氏云：

『殷墟卜辭有□字。其字从𠂤从⿱立丂（即説文「辛」字），與「辟」字从人、从辛同意。𠂤者，衆也。金文或加从止，蓋謂人有辛，𠂤以止之，故訓爲治。』（釋辥）（觀堂集林卷六）

這完全是曲解。王氏這一解釋是从『辥』義爲罪出發的。説文云：『辥，辠也，从辛𡰪聲。』因爲以『辥』義爲罪，所以曲解『⿱立丂』就是『辛』，曲解『𠂤』義爲衆。按『⿱立丂』實不是『辛』，没有罪義。説文謂『辥』字从『辛』，乃是後世的譌誤。『𠂤』義也不是衆。而且『人有辠，衆以止之』也難講得過去。人有罪，何以由衆止之？怎樣由衆止之？歷史上有没有這種制度？這顯然是想象之辭。『辥』字金文才『或加从止』，最初甲骨文並不从『止』，怎麽能以金文後加的筆畫解釋甲骨文的始義呢？這也顯然是前後顛倒。

我以爲『⿰𠂤⿱立丂』字的本義蓋是開闢丘陵地。『⿰𠂤⿱立丂』从『⿱立丂』从『𠂤』。説文云：『𠂤，小𨸏也。』又云：『𨸏，大陸山無石者。』『𠂤』乃是小土山。『⿱立丂』義爲掘，『𠂤』是小土山，二者相合成文，必是表示開闢丘陵地無疑。這個字或又作『□』，『𡰪』乃是象𠂤上長草。从『𡰪』意思還是一樣。説文云：『𡰪，危高也。』這當是『𡰪』字的别一義。又王國維指出『⿰𠂤⿱立丂』譌爲『⿰𠂤⿱立又』，又省作『乂』和『艾』。説文云：『乂，芟艸也。刈，乂或从刀。』詩臣工：『庤乃錢鎛，奄觀銍艾。」釋文云：「艾音刈。」「⿰𠂤亏」是「乂」「刈」「艾」的初字。「乂」「刈」「艾」義爲芟草。由此也可以推知「⿰𠂤亏」本義必爲開闢丘陵地，由開闢丘陵地引申爲刈草。「⿰𠂤亏」又孳乳爲「⿱艹⿰𠂤亏」。說文云：「⿱艹⿰𠂤亏，斷也。」「⿱艹⿰𠂤亏」義爲斷，由此也可以推知「⿰𠂤亏」義當爲開闢丘陵地，由開闢丘陵地引申爲斷。

「⿰𠂤亏」初義爲開闢丘陵。由此我們可以推知，當這個字創造的時候，我國農業已進步到開闢山地了。

卜辭「⿰𠂤亏」字義多爲災禍，即是「孽」。

「貞，丝風，不隹⿰𠂤亏。」（前六・四・一）

「貞，丝雨，隹⿰𠂤亏。」（林一・二五・一六）

「貞，不隹⿰𠂤亏。」（林一・二五・一九）

「貞，王㝱帚好，不隹⿰𠂤亏。」（鐵一一三・四）

「王㝱，隹之⿰𠂤亏。」（坊間五・四〇）

這乃是假借，後孳乳爲「孽」。

甲骨文从「亏」作的字還有「⿰𠂤亏」字。這個字學者多以爲還不認識，甲骨文編列於附録。金文有「⿰口亏」字，或又作「⿰口亏」，字形顯然與「⿰𠂤亏」相同。此字方濬益、王國維都謂即薛國之「薛」（方説見綴遺齋彝器款識考釋，王説見釋薛）。按「薛」應是「⿱艹⿰𠂤亏」字，與「⿰𠂤亏」字形不同，必不是一個字。

我以爲這個字乃是『朔』字。卜辭：

『勿□。』（前六·六七·七）

『貞，勿□。』（林一·二六·二）

『貞曰：其□。』（林一·二六·三）

『御，疾止，于父乙□。』（輔一七）

『勿□年，㞢（有）雨。』（續一·三·一）

『貞，戠爯册，王□，帝若。』（乙綴一九七·C）

『貞，王□戠，帝若。』（同上·A）

從這些卜辭看，『□』釋『朔』都可通。『□』在此用爲『愬』，『勿□年』即勿愬年。『于父乙□』，即愬于父乙。『戠』是人名，『爯册』是官名，『戠爯册，王□，帝若』，是説以戠爲爯册之官，愬於上帝，上帝允諾。『□』釋『朔』卜辭可通，所以可以斷定當就是『朔』字。春秋時薛國之『薛』蓋原用『朔』，作『薛』乃後世譌誤。卜辭『朔』也是方國名。

『貞，勿乎伐朔。』（乙綴一四一·A）

當就是薛國。傳説薛國的祖先奚仲爲夏車正。從卜辭看，薛確是夏商以來的舊邦。

説文云：『朔，月一日始蘇也，从月屰聲。』『□』从『月』作，可以推想，必定和月有關。

朔日當就是這個字的本義。殷墟時代是否已有朔望之稱，現在學者尚多質疑。從這個字來看，我們似不能不承認朔日之稱殷墟時代已經有了。

釋𢦏才菑

甲骨文有『□』字。（甲骨文又有『□』字，或作『□』，學者或以爲與『𢦏』爲一字。按這兩個字實不是一個字。這兩個字字形不同，用法也不同。『𢦏』用爲災，卜辭每云『往來亡𢦏』，字都用『𢦏』，從不見用『□』者。『□』字則用於戰爭。在這種卜辭裏，也從無例外地都是用『□』字，從不見有用『𢦏』者。可見二字確實有分别。）這就是説文之『𢦏』字。説文云：『𢦏，傷也，从戈才聲。』卜辭多用爲災禍字。卜辭每云『往來亡𢦏』。近代研究甲骨文的學者以爲『𢦏字从戈从屮，戈乃兵刃是以傷人，又加屮聲爲之。當爲巛之後起字』（朱芳圃甲骨學文字編引董作賓説）。我以爲『𢦏』乃是『栽』字的初字，本義爲栽植、栽種。

金文有𢦏國，銅器有𢦏叔朕鼎 𢦏叔慶父鬲等器。郭沫若謂『𢦏』就是春秋時的戴國（見兩周金文辭大系）。『戴』説文作『𢧵』，云：『𢧵，故國，在陳留，从邑𢦏聲。』很明顯，𢧵从邑，乃是後世加『邑』表義的。『𢦏』確就是『戴』。按『戴』公羊傳和穀梁傳都作『載』。荀子解蔽篇：『唐鞅蔽於欲而逐載子』，也作『載』。『𢦏』又可以用『𢧵』『戴』或『載』，這乃是由於

『𢦏』『戴』『載』都是由『𢦒』孳乳的，也就是後世增加不同的偏旁。因『𢦒』『𢦏』『戴』『載』最初原就是同一個字，所以通用。

按『載』又可與『栽』通用。說文云：『栽，築墻長版也。』詩緜：『其繩則直，縮版以載。』馬瑞辰云：『載通作栽。說文：栽，築墻長版也。』『今人名草木之殖曰栽，築墻立版亦曰栽，是知載即栽也。』（毛詩傳箋通釋）『載』與『栽』通用，也是由於『栽』是由『𢦒』孳乳的，也就是加『木』以表示栽植草木之意。

卜辭：

『（缺）卜，□令多農㦰𢦒。』（前四・一〇・三）

說文云：『㦰，絶也。一曰田器。』『㦰』在這裏是個動詞，釋爲田器不可通。然從這條卜辭看，『㦰』必有耕作之意。『令多農㦰𢦒』意必是說命農民栽種。此處『𢦒』義必爲栽。我以爲『𢦒』就是『栽』字的初字，其本義就是栽。『𢦒』甲骨文作『』，从『』从『』，『』是鉏，『』（才）是表示用臿插地之意。二者相合成文表示栽插、栽種之意。這是個會意字。說文謂『从戈才聲』，以爲是形聲字，實是錯的。

『𢦒』卜辭用爲災，卜辭每云『往來亡𢦒』，這乃是假借。我以爲這即是『烖』字的初字。說文云：『烖，天火曰烖。……災，籀文从巛。』古書也多以『烖』爲『災』。如周禮善夫：『天地有烖則不舉。』『烖』初只作『𢦒』，後世加『火』表義則爲『烖』字。

「𢦏」字从「中」作。「中」即是「才」字。這個字卜辭和金文多假用爲「在」，其本義爲何還没有切當的解釋。説文云：「才，艸木之初也，从丨上貫一，將生枝葉，一，地也。」這顯然是錯的。這是根據「才」有始義而臆説的。唐蘭説「中」是臿，就是甲骨文「⊽」和「◇」字，「中」是「⊽」的變體。

「◇、⊽二體當以⊽爲正體，◇爲變例。⊽即才字也，卜辭才字有作⊽者，當是原形。蓋與午（杵）爲同類而鋭首者，即臿也。其後由⊽變爲十爲中，而所象之形晦。説文訓爲艸木之初，而其義更晦。」（天壤閣甲骨文存）

這比説文要好多了，但也不完全正確。我以爲「中」與「⊽」「◇」不是一物。「⊽」和「◇」乃是契刀，不是農器之臿。我們以爲「中」字所从之「▽」爲臿。它與「⊽」及「◇」所从之「▽」形狀相同，乃是因爲契刀和臿刃都向下，「▽」乃是表示刃向下之意，并非即是一物。「中」从「▽」而直畫中貫，乃是表示用臿插地之意，也即是栽插之意。「中」是個動詞而不是名詞。「𢦏」字从「十」从「中」，當是表示用鉏掘地栽插。

「才」字卜辭也用爲災禍之災。

「乙亥貞，王于田，亡才囚。」（續三·三三·六）

「貞，舌方出，不隹𡆥我才囚。」（珠一七一）

「我才囚。」（續存下四四〇）

「丁亥卜，丙貞，子䨊屮（有）才。」（乙八三七〇）

「乙亥卜，丙貞，子䨊亡〓才囚。」（同上）

「才囚」連文，「才」義必爲灾無疑。卜辭又每云：「亡壱才毗。」疑「才」義也爲灾。這是說無壱、無灾、無禍。

說文「𢦏」字古文作「𤆎」，从「才」从「火」，當即是由「才」孳乳的。這個字原是假借「才」字，後又加「火」表義，便爲「𤆎」字。

甲骨文又有「𡿧」字，或又作「𡿧」。這個字在卜辭裏義也爲灾，與「〓」「𢦔」通用。田獵的卜辭每云「往來亡𡿧」。卜辭「災」有「〓」（才）、「巛」（〓）、「〓」（𢦔）、「𡿧」等字。「〓」當是象洪水橫流成災之意。「𢦔」和「才」則是假借。「𡿧」和「𡿧」我以爲乃合「〓」與「才」爲一字的，即以「〓」表義，以「才」表聲，只「〓」省去一畫或兩畫而已。過去有人說「𡿧」是象樹木壅塞河之形。河流被樹木壅塞，遂橫溢成災（明義士：柏根氏舊藏甲骨文字）。這純屬臆說。

說文云：「菑，不耕田也。从艸甾。易曰『不菑畬』。」「甾，或省艸。」這個字過去研究說文者有很多解釋，但對這個字字形字義始終沒有得到一致的意見。

在古書裏，這個字多用爲「災」。

詩生民：「不坼不副，無菑無害。」

左傳成公十二年：『凡晋楚無相加戎，好惡同之，同恤菑危。』

史記河渠書：『河決而南，則鄃無水菑。』

漢書溝洫志：『然河菑之羨溢，害中國也尤甚。』

我以爲『菑』或『甾』乃是由甲骨文『≋』孳乳的。災害之『災』甲骨文作『≋』或『巛』，即説文之『𡿧』字。説文云：『𡿧，害也，从一雝川。』從字形看，『≋』當是表示洪水橫溢成災之意，不是『从一雝川』。文字演變，『𡿧』一方面孳乳爲『災』，另一方面則孳乳爲『甾』，後又加『艸』爲『菑』。『菑』與『𡿧』原即是一個字，所以義也爲災，與『災』字通用。

按『菑』又有栽插之義。詩載芟：『俶載南畝。』鄭玄云：『俶載當作熾菑。農民既芸除草木根株，乃更以利耜熾菑之而後種。』前面我們説『載』即是『栽』。『菑』義也必是栽。漢書溝洫志：『隤林竹兮揵石菑。』師古云：『石菑謂臿石立之，然後以土就填塞之也。菑亦臿耳。音側其反，義與臿同。』又漢書張安世傳注引續漢書『菑矛戟幢』。師古云：『菑，插也。』我以爲『菑』義就是栽植之栽。師古訓『菑』爲臿，就是栽。這在我們現在的語言裏還是如此。如栽秧又可以説插秧。『菑』或又訓立。周禮考工記：『察其菑蚤不齵。』注：『鄭司農云：泰山平原所樹立物爲菑，聲如胾。博立梟棊亦爲菑。』這也就是栽。我們現在語言裏也還是如此。例如樹立一根電綫杆可以説栽一根電綫杆。尚書大誥：『厥父菑，厥子乃弗肯播，矧肯穫。』僞孔傳云：『以農夫爲喻，父已菑耕其田，其子乃不肯播，况肯收穫手？』此處『菑』也必爲栽種。這是説父親栽種，其子播種都不肯，何況收穫。尚書梓材：『惟曰：若稽田，既勤敷菑，惟其陳修爲厥疆畎。』『菑』義也當爲栽。這是說有如種田，既勤於播種栽植，還要修治疆界溝澮。

『菑』義何以爲栽呢？我以爲推源其始，乃是由於卜辭『𡿧』與『𢦏』通用的緣故。卜辭『𡿧』與『𢦏』通用，往後『𡿧』孳乳爲『甾』和『菑』，『𢦏』孳乳爲『栽』，所以兩個字仍舊通用。『甾』字从『田』，『菑』字又加『艸』，這都是因爲它有栽種之意而加以表義的。

在古書裏，从『𢦏』『巛』『才』作的字往往通用。這也是由於這三個字在卜辭裏通用，因而後世由這三個字孳乳的字也就通用。

春秋時的戴國，金文作『𢦏』，說文作『𢦔』，古書作『戴』或『載』。按漢書地理志云：『甾，故戴國。』郡國志云：『陳留郡考城，故菑，章帝更名。』劉昭云：『古戴國。』過去學者認爲『戴』『菑』通用是因爲二字同音（洪亮吉：春秋左傳詁）。這也是與『菑』和『栽』通用一樣，因爲兩個字都是由『𢦏』和『𡿧』孳乳的。

說文云：『哉，言之閒也，从口𢦏聲。』銅器銘辭又有用『𢦏』和『才』者。

𠑇兒鐘：『於虖，敬哉！余義楚良臣。』

禹鼎：『哀𢦏！用天降大喪于□國。』

班簋：『允才！顯唯敬德亡逌違。』

師訇簋：『哀才！今天疾畏降喪。』

這必是最初假用『𢦏』字，後加『口』孳乳爲『哉』。『哉』和『𢦏』實即是一個字。『才』則是因爲與『𢦏』卜辭就已通用，所以後仍通用。

爾雅釋詁云：『哉，始也。』邢疏云：『哉者古文作才。』孟子萬章篇引伊訓『朕載自亳』，今尚書作『朕哉自亳』。『哉』『載』『才』通用，這也是因爲『哉』和『載』都是由『𢦏』孳乳的，『才』與『𢦏』最初通用的緣故。

又纔僅之『纔』，古代通用『裁』『才』及『財』。漢書王貢傳：『嚴君平卜筮，裁日閱數人。』師古云：『裁與才同。』漢書霍光傳：光『長財七尺三寸。』師古云：『財與纔同。』史記文帝本紀：『其罷衛將軍軍，太僕見馬遺財足，餘皆以給傳置。』索隱云：『財字與纔同。』這乃是因爲『財』是由『才』孳乳的，『裁』是由『𢦏』孳乳的，所以通用。『纔』則是後世改用的。

又『裁』義爲裁察、裁擇、裁決。這也通用『才』和『財』。戰國策趙策：『今有城市之邑七十，願拜納之於王，唯王才之。』漢書賈誼傳：『唯陛下財幸。』王吉傳：『竊見當趨務不合於道者謹條奏，唯陛下財擇焉。』師古并云：『財與裁同。』司馬遷報任少卿書：『及至罪網加，不能引決自財。』師古云：『財與裁同。』這也是由於『財』是由『才』孳乳的，『裁』是由『𢦏』孳乳的。

又『在』字可訓察。爾雅釋詁云：『在，察也。』舜典：『在璿璣玉衡以齊七政。』僞孔傳云：『在，察也。』詩文王：『文王陟降，在帝左右。』鄭玄云：『在，察也。』逸周書大聚解：『營邑制，命之曰大聚。先誘之以四郊，王親在之。』孔晁注云：『在，察也。』『在』何以訓察？舊時學者以爲是由於『在察一聲之轉』（郝懿行：爾雅義疏）。這實是因爲『在』就是『才』字。『才』訓察，所以『在』義也爲察。後世字形演變『在』與『才』分爲兩個字，『在』何以訓察，人們便不知道了。

禮記檀弓：『天子之哭諸侯也，爵弁經紂衣。』釋文云：『紂本作緇。』禮記玉藻：『大夫佩水蒼玉而純組綬。』鄭玄云：『純當爲緇，古文緇字或作絲旁才。』玉篇云：『紂同緇。』『緇』又可作『紂』。這也必是因爲『才』與『甾』通用，所以从『甾』或从『才』皆可。

釋勿犁

甲骨文『』『』及『』字。『』學者釋『物』，義爲雜色牛（王國維釋物，觀堂集林卷六）。『』爲『物』之省（見胡光煒甲骨文例及商承祚殷契佚存二〇三片考釋）。又有人說『』是从力从彡，是『謂毛爲飾，晝之成文』，『引申有雜色之義』（見朱芳圃殷周文字釋叢）。

郭沫若謂『』是『犂』之初文，是象以犂起土之形。『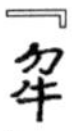』『物』就是『犂』字。他

說：『，字實犂之初文。犂，耕也。此字从刀，其點乃象起土之形。其从牛作若者，亦即犂字从牛之意。』（釋勿勿）又說：『勿乃犂之初文，象以犂起土之狀。勿多假爲犂牛之犂。犂之本字作若，舊均誤釋爲物。』（殷契粹編四二四片考釋）胡厚宣也說『勿』是『正象以犂起土之形』。在卜辭裏皆假爲黎黑之黎字。勿牛即黎黑之牛，即現在長江流域以南的水牛（卜辭中所見之殷代農業）。

『勿』是犂耕之『犂』字的初字，象以犂起土之形，至確。卜辭『勿』字有三種用法。一是『勿牛』二字連用。如：

『貞，賁十勿牛㞢五鬯。』（前四·五四·五）

『庚子卜，⿱中口貞，勿牛于羔。』（前四·三五·二）

『丙戌卜，行貞，翌丁亥，父丁歲，其勿牛。』（粹三〇一）

『貞，弜勿牛。』（粹五五四）

一是勿牛之省，如：

『叀勿。』（甲七七五）

『貞，弜勿。』（粹三〇一）

此外還有一種用法：

『貞，勿，告，十一月。』（前五·三〇·八）

『甲戌卜，王曰貞，勹，告于帝丁，不緐。』（粹三七六）

『（缺）卜，亘貞，勹，五月。』（續三・三・一）

此處『勹』不是用牲，不能解釋爲勹牛之省。疑這義就是耕犂。這是卜問犂田的。尤其前兩條卜辭『勹』義似非是犂田不可。這當是殷王親耕，告於祖先。『勹』是犂田之『犂』字的初文，象以犂起土之狀，似無可疑。

『⿰牛勿』和『⿰勿牛』字舊釋『物』自是錯的。郭沫若謂是象犂『犣在牛上』，就是『犂』字，也不正確。胡厚宣謂也就是『勹』字。卜辭勹牛省作『勹』，『至祖庚、祖甲及禀辛、康丁時，恐一「勹」字義不明顯，乃加一牛旁作物。』按此説是正確的。這個字字形的演變和『犆』『犕』一樣。『犆』卜辭最初是作『戠牛』，後省作『戠』，再後又加『牛』旁作『犆』。『犕』卜辭有『葡牛』，『犕』顯是後世加『牛』旁的。『⿱勿牛』字的演變正與此相同。所以這個字必仍讀『勹』。『勹』是犂田之『犂』字初文，但卜辭之『勹牛』是什麽牛呢？學者或以爲『勹牛』就是論語『犂牛之子騂且角』之『犂牛』。此處『犂牛』舊時或謂是雜色牛，或謂是耕牛。何晏云：『犂，雜文也。』（見何晏論語集解）皇侃論語義疏云：『犂音貍，貍雜文。或音棃，謂耕牛也。』釋文云：『犂牛，利之反，雜文曰犂。又力之反，色如狸也。又力兮反，耕犂之牛。』清代學者劉臺拱、劉寶楠都認爲『犂牛』就是耕牛（參看劉臺拱論語駢枝及劉寶楠論語正義）。我認爲不論論語之『犂牛』如何訓釋，決非就是卜辭之『勹牛』。論語雍也篇云：

「犂牛之子騂且角，雖欲勿用，山川其舍諸？」「犂牛」是祭祀所不用者。祭禮所用者是其子。而卜辭之「勿牛」則用爲祭祀之犧牲。可知二者決非一事。

胡厚宣釋「勿」爲「黎」，卜辭假爲黎黑之「黎」。「勿牛」是謂「黎黑之牛」，即今長江流域以南之水牛。此説也可議。論衡自紀篇：「母驪犢騂，無害犧牲。」又完賢篇：「手足胼胝，面目驪黑。」王充以「驪」與「黎」同義，論語之「犂牛」他當認爲是黑色的牛。黑色的牛也是不能用作祭祀的犧牲的。所以以卜辭之「勿牛」爲黑色的牛，也不合理。

卜辭之「勿牛」我以爲就是耕牛。「勿」這裏仍是用其本義，而不是引申或假借。甲骨文有「利」字，作「」「」或「」等形。郭沫若謂是由「勿」字演化的，甚確。馬叙倫謂是犂田之「犂」字初文（見説文六書疏證），也很正確。「利」字本義實也是耕。孔子弟子司馬耕，孔安國説名犂（何晏論語集解引）。釋文云：「司馬犂，史記作犁，並云字牛。」今史記仲尼弟子列傳云：「司馬耕字子牛。」據此，「利」實與「犂」「耕」同義。「利」本義爲耕，因犂田用牛，後世又加「牛」作「犂」。

犂字説文作「𤛎」。説文云：「𤛎，耕也，从牛黎聲。」按「𤛎」初字實就是「黎」。「黎」字篆文作「」，漢孔宙碑「乃綏二縣⿰黍勿」，魏受禪碑「恩治群⿰黍勿」，都是从「黍」从「勿」。甲骨文有「」字，从「黍」从「勿」，必也就是「黎」字。卜辭：

『丁卯卜，王伐[illegible]。』（寧二・七六）

『黎』在此是國名，可能就是『西伯戡黎』之『黎』。『黎』字从『黍』从『勹』，與『利』字从『禾』从『勹』意思完全一樣，其初義必也和『利』一樣是耕。孔子弟子司馬耕，孔子家語弟子職作司馬黎，也可知『黎』義與『利』『犁』『耕』相同。説文『犂』字从『牛』也是和『犁』一樣是後加的。

總之，甲骨文『[illegible]』字確實是『犁』和『犂』字的初文，是象以犁起土之狀。『利』和『黎』字都是由『勹』演化的，其義也爲犁田。後世加『牛』表示牛耕，成爲『犁』和『犂』字。卜辭『勹牛』就是耕牛。殷代已用犁和牛耕田了。

甲骨文有『[illegible]』字。這個字學者釋『犅』。説文云：『犅，特牛也。』我以爲此字的本義蓋爲耕，疑就是『耕』字的本字。這個字从『网』从『牛』从『勹』。這顯是象以網絡牛曳犁之意。其意必定是用牛曳犁而耕。後世用牛耕田，多將牛穿鼻，以便牽引。牛穿鼻始於何時，現在已難確指。莊子秋水篇云：『牛馬四足是謂天，絡馬首、穿牛鼻是謂人。』戰國時代，牛穿鼻當已是習見的事了。學者或以爲春秋時代牛已穿鼻（參看徐中舒古代狩獵圖考）。這是很可能的。在没有發明穿牛鼻以前，牽牛的方法學者或謂是用梏，即繫横木於牛角上。甲骨文『牛』字有作『[illegible]』『[illegible]』『[illegible]』諸形者，就是象繫梏於牛角上的形狀（參看徐中舒古代狩獵圖考）。繫梏於牛角上自不失爲牽牛的方法的一種。但絡牛頭也不失是一種方法。殷代已知道馭馬。用馬拉車，牽馬自是絡馬首。當時既已知道絡馬首，自然也知道絡牛頭了。現在有的地方也還有不穿牛鼻而絡牛頭的。『⿱⿰网刂牛』字从『网』作，若不是用網絡牛，也難以解釋得通。

在卜辭裏，『⿱⿰网刂牛』多是地名。

『（缺）在⿱⿰网刂牛餗，貞，（缺）往來亡𡿧。』（前二·一七·六）

『（缺）在⿱⿰网刂牛餗，貞，今夕亡𡆥，寧。在十月。』（前三·一八·一）

『癸亥卜，在⿱⿰网刂牛，貞，王旬亡𡆥。』（輔四二六）

不能由此推知『⿱⿰网刂牛』字的字義。卜辭有云：

『丙辰卜，在⿱⿰网刂牛，貞，叀大又先（缺）歙美，⿱⿰网刂牛利，不雉衆。』（前二·一八·二）

這條卜辭很難解釋。『⿱⿰网刂牛利』有人以『⿱⿰网刂牛』爲牛，釋『利』爲『物』，『⿱⿰网刂牛利』意爲雜色牛（見胡光煒說文古文考）。有人釋『利』爲『制』，義爲禦，『⿱⿰网刂牛利』意爲禦牛（見李亞農殷契摭佚八八片考釋）。或又以爲『⿱⿰网刂牛』仍是地名（見郭沫若卜辭通纂二五九片考釋）。這些解釋都不免牽强，這條卜辭辭意不能確切地知道，『⿱⿰网刂牛』字的字義也不能由此推知。

甲骨文有『剛』字，作『⿰网刂』。這是『⿱⿰网刂牛』字之省。詩閟宮：『白牡騂剛。』禮記明堂位：『周騂剛。』大簋：『唯六月初吉丁巳，王在奠，蔑大曆，易芻羊⿱⿰网刂牛。』『羊⿱⿰网刂牛』就是『騂剛』。『剛』『⿱⿰网刂牛』確是一字。『剛』卜辭也是犧牲。如：

『叀剛，羊。』（明續一三六）

『叀剛。』（同上）

由此也可知『剛』爲『⿱剛牛』之省。

卜辭有云：

『乙巳，王剛□田。』（粹一二二一）

『□』郭沫若釋『圣』，甚確。説文云：『汝潁之間謂致力於地曰圣。』這個字正象兩手在土地上勞動之形，其義必爲治地。『剛』字郭沫若初謂是『宰』字的異文，讀爲『則』（見殷契粹編一二二一片考釋）。後又釋『則』即『鋤』字（見奴隸制時代）。都不確。按此字作『□』，很清楚，是从『网』从『勹』，必是『剛』字。『剛圣田』意必是耕治田地，『剛』義應爲耕。

甲骨文又有『□』字（後上一五·四），从『禾』从『⿱剛牛』。可以推想，這必與耕田種作有關。疑這乃是『⿱剛牛』字的別構。加『禾』乃表示種穀之意。由此也可以推知『⿱剛牛』當爲耕。

説文有『牼』字，云：

『牼，牛厀下骨也，从牛巠聲。春秋傳：宋司馬牼字牛。』

司馬牼當就是左傳哀公十四年所説的司馬牛。宋司馬桓魋之亂，桓魋之弟司馬牛逃奔於外。許慎所説的當就是此人。孔子弟子司馬耕字子牛。孔安國、鄭玄都説他是宋人，桓魋之弟。是司馬牼就是孔子弟子司馬耕。司馬耕孔安國説名犂，論語釋文説史記作『⿰禾勿』，孔子家語弟子職作司馬黎，今史記仲尼子弟列傳作司馬耕。可知『牼』當與『犂』『⿰禾勿』『黎』『耕』同義。疑

『㹉』字本義蓋爲牛耕。

我疑『犁』『㹉』『耕』乃一字之變。『㹉』與『耕』聲音相同。説文云：『耕，犂也，从耒井聲。一曰古者井田。』从字形講，很明顯，『耕』決不是個原始字。這顯是個後造的字。我們疑『㹉』是『耕』字的本字。司馬耕，説文引左傳作司馬㹉，史記作司馬耕。即因爲『㹉』與『耕』爲古今字。『㹉』與『犁』聲音相近。从『巠』作的字和从『岡』作的字字義也往往相近。例如『經』和『綱』義相近；『剄』和剛斷義相近；『勁』和剛强義相近；『陘』爲山嶺，『岡』爲山脊。由這種情況看，我疑『㹉』可能是『犁』字的異體字，即改用『巠』爲聲旁的。如這種推測不誤，則『犁』義爲牛耕更無可疑。

犂耕牛耕的發明是歷史上一件重要的事。這是生産力的一個大進步。恩格斯説：『自有這種犂以後，大規模的土地耕種業，田間耕作業，从而生産在當時條件下幾乎毫無限制的增加，便都可能了。』（馬恩文選兩卷本第二卷一八八頁）我國什麼時候開始有牛耕，學者意見不一。或以爲始於春秋，或以爲始於戰國。還有人認爲漢代趙過才發明牛耕。我們从卜辭看，實不能不承認殷代業已用犂牛耕田了。按恩格斯在家庭、私有制和國家的起源中指出，犂耕、牛耕是在原始社會野蠻高級階段開始時發明和使用的。這是在文字還没有發明以前。殷墟時代已有文字，已是文明時代，當時已用牛犂耕田，更由此可見。而犂耕、牛耕的發明應還在殷墟時代以前。據古代傳説，我國犂耕、牛耕的發明是后稷之孫叔均。山海經大荒西經云：『有西周之國，姬姓，食穀，有人方耕，名曰叔均。』又云：『叔均是代其父后稷播百穀，始作耕。』又海內經云：『后稷之孫曰叔均，是始作牛耕。』郭璞云：『始用牛犂也。』『方』字蓋爲『勺』字之誤。這一傳說，胡厚宣說『不爲無據之談』（卜辭中所見殷代農業）。我們以爲作爲犂耕牛耕發明的時間來說，不能不認爲確有其一定的可靠性。還有，古代文獻都說我國古代最重要的農器是耒耜。耒或耒耜實就是犂。耒耜的發明易繫辭說是神農。繫辭云：『神農氏作，斲木爲耜，揉木爲耒，耒耨之利以教天下』。世本說：『垂作耒耜。』（齊民要術耕地篇引，此據茆泮林輯）又說：『咎繇作耒耜。』（太平御覽卷八二三引，此據雷學淇輯）這些傳說雖未必完全確切可信，但也不能輕易抹殺。根據這種傳說，我國犂的發明和使用也早在殷墟以前。我們合恩格斯的理論、甲骨卜辭和古代傳說三者來看，殷墟時代已用犂耕和牛耕是無可置疑的。

殷墟時代已用犂和牛耕田了，然則犂是用什麼製造的？是石？是青銅？還是鐵？這又關係到殷墟時代是否用鐵和我國什麼時候開始用鐵的問題。這是個大問題，這裏不能討論了。我認爲犂就是鐵製的。殷墟時代已經用鐵了。

釋戊⿰虘又

甲骨文『[illegible]』（戊）字古文字學者多以爲是象戊形，與『戊』爲一字。如增訂殷墟書契考釋云：『卜辭戌字象戉形，與戉殆即一字。』這實是不正確的。以『戌』爲戉，只是从字形上猜測的，没有其他證據。甲骨文『□』和『□』學者也釋『戌』。『□』『□』『□』三字字形全不相同，在卜辭裏三個字也从不通用，説這三個字同是戌，也顯然説不通。

我以爲『□』乃是農器，就是鉏。我們説甲骨文『□』字是『植』字的本字，是用『□』和『□』兩種農器表示種植的。『□』顯是象『□』加横柄之形。農器有横柄的當然是鉏。

卜辭：

『癸未卜，今□禾。』（京津三九〇三）

『□□于盂，冓大雨。』（粹七八〇，京津三八五七）

這裏『□』是動詞，『今□禾』恐非是鉏禾不可。由此可知『□』必定是農器。『□』字葉玉森釋『秋』。此説不確學者早已指出。這個字誠不容易認識。但此字是从『□』作。『□』不一定就是禾，但必定是農作物。所以這個字一定與農事有關。卜辭有云：

『翌日庚，其秉，乃霝卬，至來庚，又大雨。』（粹八四五）

『翌日庚，其秉，乃霝卬，至來庚，亡大雨。』（同上）

『來庚，□秉，乃霝，亡大雨。』（同上）

『秉』郭沫若謂是『稈之古文』，『讀爲旱』。這個字从『□』从『□』，疑是象植『□』於地中之意。其義雖不能確指，疑蓋爲種植。在此是個動詞。這幾條卜辭蓋是説明天庚日將要種植，舉行霝祭以祈雨。卜辭又云：

『弜雚（觀）秉。』（後下六・六）

這裏『秉』更不能釋『秋』或『稈』。這意也當是種植。『雚秉』是説觀看種植。『□秉于盂』蓋是説于盂鉏地種植。

又甲骨文有『□』字。卜辭云：

『戊辰卜，貞，□于太甲□朋，三牛。』（京津三九三九）

『□于太甲□朋，一牛。』（同上）

按卜辭有云：

『丙辰卜，剛于朋，太甲㠯，于翌丁步。』（粹一九一）

上兩條卜辭與這條卜辭語意完全一樣。『□』與『剛』義必相同。从字形看，『□』必是『□』字的别構。也即是把『剛』字的『刀』旁改用『□』旁。由此也可以推知『□』必和『刀』一樣，是農器。卜辭又云：

『（缺）王其□田。』（京津二四二四）

『□田』連文，『□』義更非是耕不可。『□』義爲耕，更足證『□』必定是農器。釋名云：

『鋤，助也，去穢助苗長也。齊人謂其柄曰檀……頭曰鶴。』

『□』字字形正與此所説的鋤的形狀一樣。『□』當就是鶴嘴鋤。

說文云：

『鉏，立薅所用也。从金且聲。』我以爲這個字不是初字。這乃是演變來的。我疑這個字是由『𠭰』字省變的。

甲骨文有『𠭰』字。

『貞，伐𠭰。』（前五·三七·五）

『戍弗及𠭰方。』（甲八〇七）

『戍又𠭰方𢦏。』（同上）

『戍乜伐𢦏𠭰方。』（同上）

『叀小臣𠭰。』（明續七六〇）

『叀𠭰令。』（後上十八·二）

這裏，『𠭰』一是方國名，一是人名，不能由此推知其字義。

按金文『𠭰』字有誅除和除禁之義。大保簋：

『王伐录子[illegible]，𠭰氒反。王降征令于大保。』

『𠭰』吴大澂、丁山謂是國名（見吴大澂愙齊集古録及丁山𠭰夷考）。楊樹達謂是歎詞（見積微居金文說大保簋跋）。我們从語法上看，這裏『[illegible]』當是录子的私名。『氒』是個冠詞，『反』當是個名詞，義爲反叛者。『𠭰』必是個動詞。从辭意看，『𠭰』義必爲誅鉏。『𠭰氒反』是說誅鉏反叛者。這一銘辭是説：录子反，王伐录子，誅鉏反叛者，令大保前往征討。

師旅鼎：

『唯三月□卯，師旅衆僕不从王征于方䨓（雷），吏（使）氒友弘吕告于白懋父……懋父令曰：義㪤𢾅氒不从。』

『𢾅』于省吾説是語詞（見雙劍誃吉金文選）。楊樹達説是歎詞（見積微居金文説師旅鼎跋）。這一銘辭是述師旅之僕不肯从王出征，師旅派人報告統帥白懋父。白懋父要處罰他們。此云：『義㪤𢾅氒不从。』『𢾅』釋爲語詞或歎詞决不可通。此處『𢾅』義當爲誅鉏。『義』即是『我』字。殷契掇拾二編四十九片人頭骨刻辭：『（缺）丑，用于義友。』『義』顯是『我』字。『義㪤𢾅氒不从』，這是説我要誅鉏不从征者。

大盂鼎：

『在珷王嗣玟王作邦，闢（闢）氒匿，匍有四方，畯正氒民。在雩御事，𢾅酒，無敢酖。』

『𢾅酒』意顯爲禁酒。『𢾅』義必爲除禁。『鉏』字義也爲誅除、誅殺。這是古書習見的。例如史記楚漢之際月表序：『秦既稱帝，患兵革不休。……墮壞名城，銷鋒鏑，鉏豪桀，維萬世之安。』『𢾅』與『鉏』義相同，就是因爲原即是一字。『𢾅』『鉏』義爲誅除，是由鉏地薅草引中的，實際即是同一個詞。

按『𢾅』字及从『䖒』作的字往往省變从『且』作。

䖂　摣　担説文云：『䖂，叉卑也。』釋名姿容云：『摣，叉也，五指俱往叉取也。』『摣』與『䖂』義同。説文云：『担，挹也。从手且聲，讀若樝棃之樝。』方言云：『担，摣取也。南楚之間凡取物溝泥中謂之担，亦謂之摣。』玄應一切經音義卷十二長阿含經卷十九云：『摣又作担，同，側家切。廣雅：担，取也。』由此可知，『䖂』『摣』『担』即是一個字。『摣』和『担』都是『䖂』字的省變。

䖂　退　徂説文云：『退，往也，从辵且聲。徂，退或从彳。⿺辶虘，籒文从虘。』『退』和『徂』顯是由『⿺辶虘』省變的。按『徂』又用爲發語詞。尚書費誓：『徂茲淮夷徐戎並興。』金文則用『䖂』字。如录白𢦚卣：『䖂淮尸敢伐内國。』可知這個字最初是『䖂』，後變作『⿺辶虘』，再後又省變作『退』及『徂』。

謯　⿰礻虘　詛説文云：『詛，詶也，从言且聲。』字又作『⿰礻虘』及『謯』。漢書五行志：『明年，劉鷙復坐祝謯要斬。』師古云：『⿰礻虘，古詛字。』漢書外戚傳成帝許皇后傳：『后姊平安剛侯夫人謁等爲媚道祝謯。』師古云：『謯，古詛字。』可知『詛』必是『⿰礻虘』及『謯』字的省變。

樝　柤説文云：『樝，果似棃而酢。』玉篇：『樝又作柤。』『柤』顯是『樝』之省。

⿱罒虘　罝説文云：『罝，兔網也。⿱罒虘籒文从虘。』『罝』顯是『⿱罒虘』之省。

⿰氵虘　沮説文云：『⿰氵虘，水出北地直路西，東入洛。』按『⿰氵虘水』漢書地理志及水經注都作『沮水』。『沮』顯也是『⿰氵虘』之省。

『䖒』及从『虘』作的字往往省變从『且』作。从這一演變的規律看，『鉏』必也是由『䖒』省變的。

『䖒』字甲骨文作『[illegible]』及『[illegible]』，从『[illegible]』从『又』从『且』。『[illegible]』形狀與『[illegible]』相近，即使不是同一種農器，也必是相類的農器，也即是同鉏一類的農器。从『又』當是表示用手持『[illegible]』，『且』則是表聲的。這個字的本義必是鉏地。『鉏』字或又作『鋤』，當是後世加『力』的。釋名訓『鋤』爲助，『去穢助苗長』，實是曲解。

我以爲『[illegible]』（戌）和『䖒』二字本義都是鉏。『[illegible]』是象鉏這種農器的形狀。『䖒』義則爲鉏地，是個動詞。因爲䖒地，所以鉏地的工具也稱之爲『䖒』。文字演變成爲『鉏』字。『戌』因用爲十二辰之名，成了個專用字，其本義遂漸泯沒不聞。

釋櫌

甲骨文有『[illegible]』字。這個字羅振玉釋『伐』（見增訂殷墟書契考釋）。葉玉森釋『鉏』，『象一手携鉏』（見殷墟書契前編集釋）。郭沫若謂『象一人倒執斧鉞之形』，寫作『[illegible]』（見殷契粹編第一四片考釋）。唐蘭釋『顑』，『象人曳戌之狀。戌亦戈戉屬之兵器』，讀爲『咸劉厥敵』之『咸』和『克減侯宣多』之『減』（見天壤閣甲骨文存第六六片考釋）。于省吾釋『戛』。『[illegible]』

就是『夏』，『戉』『係斧鉞類之戎器，小篆百爲夏之省，从戈爲倒戉之譌』（見雙劍誃殷契駢枝）。增訂甲骨文編列於附録，認爲不識。

這個字从『□』从倒『□』。『□』象人形，『□』是鉏。這個字確實是象人曳鉏之形。人曳鉏，其義必爲用鉏鉏地，从事農業勞動。我以爲這乃是『櫌』（耰）字的初字。説文云：『櫌，摩田器。』史記賈誼列傳：『鉏櫌白梃。』徐廣云：『櫌，田器，音擾。』吕氏春秋簡選篇：『鋤櫌白鋌可以勝人之長銚利兵。』漢書禮志：『借父櫌鉏，慮有德色。』都以『櫌』爲田器。論語憲問篇：『櫌而不輟』，鄭玄云：『櫌，覆種也。』國語齊語：『深耕而疾耰之以待時雨。』韋昭云：『耰，摩平也。』管子小匡篇：『深耕均種疾耰。』尹知章注云：『耰謂覆種。』莊子則陽篇：『深其耕而熟耰之。』釋文云：『耰，司馬云：鋤也。廣雅云：推也。』我們以爲『櫌』本義實爲用鉏鉏地。所謂『摩田』『摩平』『覆種』『鋤』『推』都是一樣，即用鉏將土鉏碎整平，或既下種以後，用鉏鉏土將種子覆蓋起來。『櫌』義爲農器乃是引申，即以勞動名其所使用之工具。

在卜辭裏，這個字釋『櫌』也可通。

『癸未卜，往⿰夒戈，吕雨。』（明續四二九）

『往⿰夒戈』語例與『往田』相同，『往⿰夒戈』當是説前往鉏田。

卜辭『⿰夒戈』又用於戰爭。

『貞，乎⿰夒戈舌方。』（前六·一八·五）

「乎⿰夒戌克。」（前六・一八・六）

這可以釋「擾」。「乎⿰夒戌告方」「乎⿰夒戌克」，即命擾𢀛方、命擾克。

我以爲「櫌」「耰」都是由「⿰夒戌」演變的。

甲骨文有「」字，王國維釋「夒」。此字釋「夒」是正確的。説文云：「夒，貪獸也，一曰母猴，似人。从頁巳止夊其手足。」玉篇云：「猴，夒也。」「夒」義爲猴，與甲骨文「」義不合。漢字中有从「夒」作的字，如「擾」。這必不能訓爲猴。我以爲這乃是由於字形的混淆。「猴」字甲骨文作「」，象猴子的形狀，這與「」非常相似。因爲二字字形極相近，是以後世文字演變，遂混而爲一。因爲「夒」訓猴或貪獸，「」字的字義是什麽後世便不知道。很明顯，「」所从之「」與「夒」字形完全一樣。這個字必定是从「夒」从「戌」。這個字應寫作「⿰夒戌」。

在卜辭裏，「夒」和「⿰夒戌」都又是人名，是殷的先公。

「貞，㞢于夒。十月。」（前六・一八・四）

「叀高祖夒祝用，王受又。」（粹一）

「其𠦪年于夒，五（缺）五，王受又。」（粹五）

「（缺）卜，貞，𠦪于夒，受年。」（甲六五一）

「貞，𠦪年于⿰夒戌，㞢二牛。」（後上二四・九）

「壬辰卜，其桒年于夒戉，尞，又羌茲用。」（續一·五一·五）

「戊申卜，尞于夒戉，雨。」（明續四二三）

「貞，其桒年于夒戉。」（明續四四八）

「甲申，酒夒戉。」（甲七八一）

「其桒雨于夒戉，尞九宰。」（粹一五）

「其桒夒戉，叀（缺）酒，又大雨。」（粹一六）

胡厚宣謂「夒」和「夒戉」即是一人，「夒」是「夒戉」之省（見卜辭中所見之殷代農業）。卜辭有云：「貞，往于夒，㞢从雨。」這和前面所舉「往夒戉，吕雨」辭意略同。「夒」和「夒戉」一字，可信。

「夒」往往譌爲「憂」。如「櫌」說文作「⿰木夒」，「擾」說文作「⿰扌夒」。「櫌」「擾」所从之「憂」顯是「夒」之譌。禮記樂記：「及優侏儒，獶雜子女。」鄭玄云：「獶，獼猴也。言舞者如獼猴戲也。」釋文云：「獶，乃刀反。」「獶」是獼猴，顯也就是「夒」。「獶」必也是「夒」字的譌變，揚雄解難：「獿人亡，則匠石輟斤而不敢妄斲。」服虔云：「獿人古之善塗塈者。」鹽鐵論散不足篇：「今富者井幹增梁，雕文檻，脩堊憂壁飾。」「憂壁飾」必是塗壁飾。「憂」也必是「獿」之譌。從這一演變的規律看，可知「櫌」（⿰木夒）當也是「夒」字的譌變。

總之，「」字从字形，它的演變以及在卜辭中的用法來看，這個字應就是「櫌」字的初

字，是象以鉏鉏地之意。

殷代農業生產用什麽工具，現在還不能確切地知道。考古發掘，出土了不少殷代的文物，但農器很少。我們从甲骨文字看，後世農業生產所使用的主要的農器犂、鍬、鉏殷代實都已有了。『□』所从之『□』是犂。『□』（戠）及『□』（𢦏）所从之『□』應是鍬一類的農器。『□』（弋），『□』（戌）則是鉏。殷墟時代已是文明的時代，農業已是主要的生產，已是當時社會經濟的基礎。這樣文明的社會，這樣進步的農業，必須要有與之相適應的生產力，與之相適應的進步的生產工具才有可能。否則是不能設想的。从這一點講，犂、銚、鉏這樣的農器當時也必定有了。

釋卯

説文云：『卯，冒也。二月萬物冒地而出。象開門之形。故二月爲天門。』這顯然是因爲『卯』字篆文作『□』形及二月於十二辰爲卯而曲解的。『卯』字甲骨文作『□』。近代研究古文字的學者對於這個字也有各種不同的解釋。林義光謂是『象兜鍪形』（見文源）。胡光煒謂『象斷物之形』（見説文古文考）。葉玉森謂『象有雙環，雙環向外，乃開門形』（見殷墟書契前編集釋）。吴其昌謂是『雙刀對植之形』（見殷墟書契解詁）。朱芳圃謂『象門閉形』（見殷周文字釋叢）。這些解釋也難以置信。

我以爲『卯』乃是一種工具，也是兵器。

這個字胡光煒釋『劉』，王國維謂是『劉』之假借字，義爲殺。此字釋『劉』完全正確。『卯』實就是『劉』字的初文。漢魯相史晨孔子廟碑云：『孔子乾巛（坤）所挺，西狩獲麟，爲漢制作。故孝經援神契曰：元丘制命帝卯行』（『帝卯行』宋書符瑞志作『帝卯金』。此蓋由不知『卯』即『劉』字而誤改的）。『帝卯』顯就是帝劉。可知後漢時猶以『卯』爲『劉』。這個字實是『𠨐』『留』『鎦』『劉』等字的初文，也是『鏤』字的本字。

說文沒有『𠨐』字。此字見於玉篇。玉篇云：『𠨐，力九切，割也。』『𠨐』義爲割與『劉』義爲殺相同。从字形看，『𠨐』很明顯就是『卯』字。『𠨐』乃是由『卯』孳乳的。這是因爲『卯』義爲割殺，後世又加『刀』旁表義。

說文云：『留，止也，从田丣聲。』『留』金文作『𤰈』，『留』與『卯』可以通用，如『罶』又作『𦊓』；『騮』又作『駵』；『昴』史記律書作『留』。『留』顯是由『卯』孳乳的。

說文沒有『劉』字，只有『鎦』字。徐鉉、徐鍇都以『鎦』就是『劉』。羅泌說古只有『鎦』而無『劉』（見路史國名記）。按玉篇云：『鎦古劉字。』也以『鎦』『劉』爲古今字。吳志虞翻傳裴松之注云：『劉留聊柳同用。』可見『劉』和『鎦』實即是同一個字。我以爲『劉』與『鎦』乃是由於在文字演變中增加不同的偏旁，成爲不同的字形。『劉』蓋是『𠨐』加『金』

旁的，『鎦』則是『留』加『金』旁的。

『卯』疑也是『鏤』字的本字。按『卯』和『留』『婁』可以通用。說文云：

『罶，曲梁，寡婦之笱，魚所留也，从网留，留亦聲。罜，罶或从婁。』

廣雅釋詁云：

『曲梁謂之罛。』

玉篇謂『罶』『罜』『罛』即是一字。由此可知，『婁』與『卯』『留』相通。

又『劉』與『膢』『婁』相通。如『貙膢』又作『貙劉』。後漢書劉玄傳：『以立秋日貙膢時共刧更始。』續漢書禮儀志：『立秋之日，武官肄兵，習戰陣之儀，斬牲之禮名曰貙劉。』史記劉敬列傳：『婁者乃劉也，賜姓劉氏。』照史記這句話的意思看，則『婁』就是『劉』了。墨子魯問篇：『劉三寸之木，而任五十石之重。』『劉』義更非爲鏤不可。

總起來看，『卯』『丣』『留』『鎦』『劉』『鏤』最初當就是一個字。『丣』『留』『鎦』『劉』都是由『卯』孳乳的。『鏤』則是後起的形聲字。

卜辭：

『貞，尞于土。三小宰，卯二牛，沉十牛。』（前一・二四・三）

『丙午卜，酒伐于父丁，十宰，卯十牛。』（粹三六三）

『庚子貞，夕福，卌羌，卯牛一。』（甲八八四）

『庚辰卜，王賓祖庚，伐二人，卯二牢，鬯（缺）卣，亡尤。』（前一・一八・四）

『辛巳卜，行貞，王賓小辛彳，伐羌二，卯二窜，亡尤。』（粹二七五）

『卯』當是『卯刂』或『䝙劉』之『劉』。『卯牛』『卯窜』即是斬牲。

卜辭『卯』又有攻伐之意。

『丙辰卜，[illegible]貞，乎卯（缺）。』（甲三四二九）

『丁未貞，王令卯[illegible]方。』（粹一九六，佚九一三）

這當就是『咸劉厥敵』之『劉』。

尚書顧命：『一人執劉立於東堂。』『劉』是兵器。僞孔傳謂是鉞屬。鄭玄謂是鑱斧（尚書顧命正義引）。从文字看，當就是『卯』。

卜辭『卯』又是祭名。如：

『（缺）午卜，方帝，三豕㞢（又）犬，卯于土。桒雨。』（佚四〇）

『癸巳貞，叀甲午，酒卯于上甲。』（明續四七八）

『癸巳貞，于乙未，酒高祖亥，[illegible]卯于（缺）。』（同上）

『乙丑卜，貞，王賓武乙歲，征至于上甲卯，亡尤。』（佚一七六）

『□寅卜，桒其卯，王受又。』（粹四七五）

這可能就是『𥜽』。說文云：『𥜽，祝𥜽也。』素問：『古之治病，可祝由而已。』惠棟云：『祝由即祝福』（見讀説文記）。『卯』蓋是祝禱祈福。

説文云：『留，止也，从田丣聲。』『留』字訓『止』，與字形不合。此字以『田』爲義符，應與農事有關。我疑『留』字最初有耕作之義。其義爲『止』，乃是假借。

莊子天地篇：

『執留之狗成思猨狙之便，自山林來。』

莊子應帝王篇：

『虎豹之文來田，猨狙之便，執斄之狗來藉。』

『執留之狗』顯就是『執斄之狗』。『留』與『斄』通。按山海經南山經：

『柢山，多水，每草木。有魚焉，其狀如牛……其音如留牛。』

郭璞注云：『莊子曰，執犂之狗，謂此牛也。』據此，郭璞所見莊子『斄』實作『犂』。莊子所説的『留』就是『留牛』，也就是『犂牛』。『留』義也當與『犂』相同。『留』字从『卯』从『田』，當是表示用『卯』這種農器掘地耕種。

由上所述，可知『卯』必是生産工具又是兵器。但『卯』既是刻鏤的刀，又是農器，又是兵器，這是説不過去的。這三者决非就是同一種東西。這三者所以同稱爲『卯』，當是或者三者同一個起源，或者由於引申或詞匯的假用，猶『伐』本義爲用戈殺人，伐木也可用『伐』一樣。

説文云：『鏤，剛鐵也。从金婁聲。夏書曰，梁州貢鏤。』禹貢：梁州貢『璆鐵銀鏤』。鄭玄云：『剛鐵可以刻鏤也。』（史記夏本紀集解引）師古云：『鏤，剛鐵也。』（見漢書地理志注）『卯』是『鏤』字的本字，疑也就是剛鐵之『鏤』。

説文有『卝』字，謂是古文『磺』（礦）字。説文云：『磺，銅鐵樸石也。……卝古文磺，周禮有卝人。』這個字段玉裁説是『淺人』『妄增』的。他認爲這乃是『卯』字的古文。因爲周禮有『卝人』，『淺人』便把它移之於『磺』字的下面，而把『卯』字的古文『卝』刪去。周禮『卝人』之『卝』原是齊風甫田『總角卝兮』之『卝』，假爲『磺』乃是假聲的。他説：

『按周禮鄭注云，卝之言礦也。賈疏云，經所云卝是總角之卝。此字官取金玉於卝，字無所用，故轉从石邊廣之字。語甚明析。卝之言礦，卝非礦字也。凡云之言者，皆就其雙聲疊韵以得其轉注假借之用。卝本説文卯字。』

段氏這種説法實不免武斷。説文謂『卯』字是象形。从字形看，『卯』字實不像卯的形狀。『卯』字的古文作『卝』，則離卯的形狀更遠。『卯』決不是卯的本字，『卝』也決不是『卯』字的古文。按物之圓形或曲者往往稱爲『留』。如『瘤』是腫起的包塊。説文云：『罶，曲梁也。』爾雅釋訓云：『凡曲者爲罶。』『罶』之所以稱爲『罶』，是因爲它是曲的。罶就是捕魚的竹籠。現在還有用這種魚具的，是圓形的。這種圓的曲的東西所以稱之爲『留』，蓋是假借。這種假借不是假聲，而是假義。即因其形狀相同或相近而假用的。『卯』這種工具的形狀如何，現在已不能確知。从『卯』字的字形看，大概也是有一部分圓的或曲的。『瘤』和『罶』疑就因與『卯』形狀略同而假用的。从文字的演變看，『畱』或『罶』這個字最初可能只是假用『卯』字的。說文云：『畱，曲梁也。寡婦之笱，魚所留也，从网留，留亦聲。』說文『亦聲』字往往是作爲聲符的是本字，義旁是後加的。如『禮』字，說文云：『禮，履也，所以事神致福也，从示豊，豊亦聲。』甲骨文和金文『禮』字都只作『豊』。『豊』自是『禮』字的初字，『示』是後加的。又如『仲』字。說文云：『仲，中也，从人从中，中亦聲。』甲骨文和金文『仲』字都只作『中』，从『人』也是後世增加的。由此例推，『畱』『罶』最初當也只假用『卯』字，後世文字演變才成爲『畱』『罶』及『𦌾』字。『畱』『罶』最初只假用『卯』，一定是假義的。『卵』字疑也是這樣假用的。『卵』和『卯』字形顯然相同，只是『卵』字加兩點而已。『卵』最初是假用『卯』字的。因爲卵與卯不是一物，所以加兩點以表示區別。

『卝』字我們以爲應如周禮和說文所說是『磺』字的古文。這個字應也就是『卵』字，是『卯』字的譌變。

周禮鄭玄注云：『卝之言礦也。』段玉裁說凡云之言者都是就雙聲疊韵假借的。這也不正確。周禮鄭玄注這類的話很多，大多數實就是一個字，只古今字形不同而已，或者相同。如『寺人』，『寺之言侍也』。『膳夫』，『膳之言善也』。『庖人』，『庖之言苞也』。『腊人』『腊之言夕也』。『甸祝』，『甸之言田也，田獵之祝』。『挍人』，『挍之爲言校也』。『寺』實就是『侍』字。『膳』就是『善』字。『膳夫』金文作『譱夫』。『譱』就是古『善』字。『庖』和『苞』也是一個字，只是所加偏旁不同而已。『臘之言夕也』。『臘』與『昔』本是一字。說文云：『昔，乾肉也。』『昔』古又用爲『夕』。列子周穆王篇：『昔昔夢爲國君。』莊子天運篇：『則通昔不寐矣。』『昔』義都爲夕。段玉裁說：『周禮故作昔，後人改之。』（說文臘字注）。我疑『夕』字是後人所改。鄭玄原云『臘之言昔也』，後人因『昔』義爲夕，故改爲『夕』字。『甸』即是『田』字。田獵，郊甸字，甲骨文和金文都作『田』。『甸』乃是後人加『勹』旁的。『挍』和『校』更明顯是一個字。從這些例證看，鄭玄說『卝之言礦也』，『卝』必定是『礦』字的古文，也就是『礦』（磺）字的本字。

『卵』是『礦』（磺）字的本字，義爲『銅鐵樸石』，這和『鏤』義爲『剛鐵』正相合。『卵』即『鏤』字的本字，義爲鐵，益覺可信。孔穎達云：『鏤者可以刻鏤，故爲剛鐵。』（見尚書禹貢正義）鐵又名爲『卵』，疑就因爲『卵』這種工具是鐵制的。

釋𠩺⿱𠩺又

甲骨文有『⿰未攴』字。這即是『𠩺』和『⿱𠩺又』字。說文云：『𠩺，坼也，从攴从厂。厂之性坼，果熟有味亦坼，故謂之𠩺。』又云：『⿱𠩺又，引也，从又𠩺聲。』這顯然純屬臆說。這是因爲許慎所見到的『𠩺』『⿱𠩺又』已不是原始的字形，字義也不是原始義而是引申或假借義。从引申或假借義解釋已變的字形，自然鑿枘不通。曲解臆度也就勢所必至。

我以爲『𠩺』和『𤼖』原即是一個字，也就是『釐』『賚』『理』等字的初文。其本義可能是種麥或耕種。

這個字甲骨文有幾種寫法：

 前五·三九·三　 後上五·一二

 後上八·五　 輔一九四

 甲二六九五

从字形看，這個字基本上是有兩種形狀：一是从『來』从『攴』。這後世變爲『𠩺』字。一是从『來』从『又』从『攴』，這後世變爲『𤼖』字。从『來』从『又』實就是『麥』字。『麥』字甲骨文作『』（前二·一〇·三）、『』（戩一〇·八），象以手持『來』之形。『』字从『來』从『又』从『攴』，實就是从『麥』从『攴』。麥與來是一物。所以這個字基本上實只是从『來』从『攴』。這個字从『來』从『攴』，疑其始是象種麥之意，或者意爲耕種。

卜辭這個字往往與『』連文。

『。』（後上五·一二）

『貞，其。』（後上八·五）

『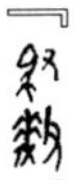。』（甲二六九五）

『秝』字不識。這兩個字有人釋『肆𤼽』，有人釋『馭釐』，都不確。是什麼意思也不能了解。卜辭又有『秝沕』：

『貞，秝勹，告。』（甲二六七二）

『壬戌卜，𤞷貞，秝勹，𠂤來。』（甲三九一三）

从聲音上講，『秝勿』似也就是『秝敉』。由此推測，『敉』義可能與『勹』相同。『勹』是『犂』字的初字，『敉』也就有耕義。

甲骨文有『杏』字。卜辭：

『乙未卜，貞，黍，才龍囿，杏，受㞢（有）年。』

這個字葉玉森釋『冬』，説是『象木枝摧折，墜二碩果』之形（見揅契枝譚）。按不論什麼果實最遲秋季就必須收穫，没有遲到冬天的。冬天『木枝摧折』，使决無『碩果』可墜。葉氏謂以『墜二碩果』以表冬季，决無此理。這個字釋『冬』，辭義也不可通。葉氏謂『杏受有年』『即言於冬受年也』。無論什麼糧食作物也必都在夏季或秋季收穫，没有遲到冬季的。『於冬受年』，也决説不過去。『冬』古與『終』爲一字。甲骨文和金文都作『∩』，字形與『杏』也不相同。『杏』很明顯是从『來』从『凵』。我疑是象『來』植於地上之形。玉篇有『棶』字，云：『棶，耕也。』疑『咎』就是『棶』字的初文，其義蓋爲耕。這個字和『敉』字都从『來』作，表意相同，疑也是『敉』字的别構。

此辭『黍』字學者謂意爲種黍，并且據此說『殷人種黍恒在一二月』（胡厚宣卜辭中所見之殷代農業）。『黍』字在此是動詞是對的。卜辭『黍』字有不少是作動詞用的。如：

『貞，叀小臣令衆黍。一月。』（纂四七二）

『丙午卜，㞢貞，（缺）衆黍于（缺）』。（同上）

『（缺）其黍。』（林一・八・一五）

『（缺）勿乎黍（缺）。』（甲三二七四）

『貞，不其黍。』（前四・三九・八）

但謂此處『黍』義爲種黍，『殷人種黍恒在一二月』，恐不確。說文云：『黍，禾屬而黏者也，以大暑而種，故謂之黍。』夏小正云：『五月初昏，大火中，種黍菽糜。』黍實是五月種，而不是一月或二月。說文謂黍大暑種，也不正確。大暑已接近立秋，此時種黍已爲時太晚。段玉裁謂說文『大』字衍，可能是對的。殷正一月乃夏正十二月，其時正值嚴冬，決不能種黍。殷正二月是夏正一月，其時雖已立春，天氣仍寒，也還不能種黍。即使殷代黄河流域的氣候與後世有些不同，也不會有這樣大的差別，夏季的作物能在冬季種植。此處『黍』字義必不是種黍。我們疑這乃是泛指一般耕種。卜辭其他『黍』字作動詞用者也應是一樣。『黍』本是農作物，由農作物之『黍』引申爲種黍。由種黍又引申爲耕種。這條卜辭蓋是說在龍囿這個地方耕種、耕治土地，卜問收成好不好。

說文云：「釐，家福也，从里𠩺聲。」漢書文帝紀：「今吾聞祠官祝釐，皆歸福於朕躬。」如淳云「釐，福也」。這個字金文最早用「𠩺」字。殷器毓祖丁卣：

「辛亥，王在廙。降。今日歸福于我多高□□。易𠩺，用作毓祖丁障□。」

「毓祖丁」就是祖丁，卜辭稱「毓祖丁」者都是祖甲、康丁、廩辛時的卜辭。此器當也是這一時期內物。是殷代用「𠩺」字。往後則用「釐」字。如秦公鐘：「㠯受屯魯多釐」。此字金文又作「⿱𠩺貝」「⿱𠩺攴」「⿱𠩺子」等形。

大克鼎：「易⿱𠩺貝無疆。」

叔向父簋：「降余多福繁⿱𠩺攴。」

者瀘鐘：「用𣂔眉壽繁⿱𠩺子于其皇祖考。」

增加「貝」或「子」。這當是表義的。這當是表示一種希望。从「子」是表示希望有子；从「貝」是表示希望有財。這反映了西周以後人們的思想。當時人必希望得子得財。有子有財便是福。

說文云：「賚，賜也，从貝來聲。周書曰：賚爾秬鬯。」按「釐」義也爲賜。詩既醉：「其儀爲何，釐爾士爾。」傳云：「釐，予也。」詩江漢：「釐爾圭瓚秬鬯一卣。」傳云：「釐，賜也。」

守宮尊：「守宮對揚周師釐。」金文「⿰賚攵」義也爲賜。如：

噩侯鼎：「駇方拜手稽首敢對揚天子不顯休⿰賚攵。」

敔簋：『王蔑敔曆，使尹氏受⿰賚攵。』

很明顯，『賚』當是『⿰賚攵』之省。

説文云：『理，治玉也，从玉里聲。』我國古書裏『理』字自來都訓治，不見有義爲治玉者。治玉都曰琱曰琢。『理』字的本義必不是治玉。我以爲『理』乃『釐』字的省變。『釐』字義也爲治理。尚書堯典：『允釐百工。』僞孔傳云：『釐，治也。』詩臣工：『王釐爾成。』鄭玄云：『釐，理也。』國語周語：『其後伯禹念前之非度，釐改制量。』韋昭云：『釐，理也。』『理』又與『賚』通。尚書湯誓：『予其大賚汝』『賚』史記殷本紀作『理』。由此可知『理』必是『釐』字的省變。『理』字从『玉』，許慎爲要解釋其从『玉』，便附會其本義爲治玉。

古書『來』『郲』『釐』通用，『來』『麳』『釐』通用。如隱公十一年春秋：『夏，公會鄭伯於時來。』左傳作『郲』。水經注引作『釐』。詩思文：『貽我來牟。』漢書劉向傳引作『飴我釐麰』。廣雅云：『麳，小麥。』這也是因爲『郲』『釐』『麳』都是由『來』孳乳的。『郲』因爲是地名，是以後世加『邑』旁。説文無『麳』字，『麳麰』字只作『來』。『麳』字从『麥』當也是後加的。這當是因爲『來』字用爲往來之『來』，爲要表明『來』字本義爲麥，所以後世加『麥』旁。『麰』字我認爲原就是『麥』字。舊時釋詩者或『來』『麰』分釋，謂『來』是小麥，『麰』是大麥。釋文引廣雅云：『麳，小麥；麰，大麥。』朱熹也説：『來，小麥；牟，大麥。』按説文云：『來，周所受瑞麥來麰也……詩曰詒我來麰。』又云：『麰，來麰。麥也。』『來麳』實是一物，即是來，也即是麥。『來』蓋古又稱『來麳』。『來』與『麥』後世讀爲兩種不同的聲音疑即由此而來。

釋𣊫冊典

甲骨文有『𣊫』字。學者以爲就是說文之『𣊫』字。說文云：『𣊫，告也，从曰从冊，冊亦聲。』从字形看，「𣊫」字與『𣊫』字極相近，似可以釋『𣊫』。但在卜辭裏，這個字訓告，都難講得通。

『癸卯卜，（缺）百牛（缺）𣊫宰。』（鐵六五·一）

『（缺）于父乙，𣊫宰，御（缺）。』（鐵一〇五·三）

『丁丑卜，（缺）㞢（侑）祖辛，宰，𣊫十牢九。』（師友一·四二）

『丁卯（缺）𣊫卅宰。』（後上二三·一一）

『丁亥卜，尞于兕，𣊫二牛。』（福一八）

『其𣊫十宰又羌』。（佚二三五）

『貞，大（缺）𣊫卅宰。』（佚四九八）

『貞，𠦪年于丁，□三勿牛，𣊫卅勿牛，九月。』（佚四六）

『貞，御于父乙，𡆥三牛，𠕋卅牛，伐卅宰。』（佚八八九）

『貞，御于（缺）于兄丁，𡆥羊，𠕋小宰，今日酒。』（輔二八八）

『庚子貞，夕福，𠕋羌，卯牛一。』（甲八八四）

『貞，福于妣己，𠕋𠬝，卯宰。』（徵・帝系二二三）

『貞，尞于高妣己，㞢吉，𠕋三𠬝，叀卯宰。』（珠上一七）

『𠕋𠬝一人。𠕋𠬝二人。』（佚二二五）

『□□大乙，其𠕋郏，□□甶歲。』（粹一六七）

『勿𠕋豕。』（京津一〇四八）

『𠕋』都是用牲之法，必有殺義，訓告顯不可通。

『（缺）戠爯冊⿱冊舌（缺）。』（前七・二五・一）

『（缺）王比（缺）冊⿱冊舌（缺）受（缺）。』（京津一二四二）

『（缺）㱿貞，（缺）戠爯冊𠕋土（缺）王比（缺）。』（粹一〇九八）

『（缺）沚戠（缺）𠕋土方（缺）。』（林一・六・一五）

這都是征伐的卜辭，『𠕋』義當與伐略同，訓告也不可通。

卜辭『𠕋』又爲祭名。

『㞢（侑）𠕋于王。』（鐵一八五・二）

「（缺）酉（缺）貞，子漁出（侑）𠕋于婺，酒。」（鐵二六四·一，佚四四）

「貞，子漁出𠕋于（缺）。」（束三八）

「乙酉卜，貞，王又𠕋于祖乙。」（粹二三〇）

「其又𠕋。」（粹八八九）

「辛亥貞，其𠕋于唐，九牛，一月。」（田中七）

「（缺）𠕋于父乙，乎酒。」（徵·帝系一八三）

「弜𠕋，亡大雨。其𠕋御，又大雨。」（粹七七七）

「丁酉卜，王其𠕋羔，㚇，叀犬眔豚十。有大雨。」（粹二七）

『𠕋』訓告，仍舊不可通。這個字必不是說文之『𠕋』字。

這個字確實不容易解釋。不僅字形要解釋可通，上述卜辭也必須要解釋得可通順無礙，這個字才可以說是比較可信。

我疑『𠕋』乃是『刪』字的初文和『蕢』『劊』『膾』等字的本字。『𠕋』與『刪』字形相近。廣雅釋詁云：『刪，斷也。』『刪』義爲斷，與殺相近。『𠕋』釋『刪』卜辭可通。『𠕋牛』『𠕋宰』便是殺牛殺羊。疑『刪』即是『𠕋』字的譌變。

說文無『冊』字。但有从『冊』作的字。在古書裏，从『冊』作的字往往通用从『貴』作的字，或者就是重文。

𨛬　蕢說文有『𨛬』字，云：『𨛬，汝南安陽鄉。』路史國名紀云：『𨛬或作蕢。』

㕡　嘳爾雅釋詁云：『㕡，息也。』釋文云：『㕡又作嘳。』

𦖋　聵說文：『聵，聾也。𦖋，聵或从㕡。』

𦸗　蒯　蕢　說文云：『𦸗，艸也，从艸㕡聲。』按『𦸗』和『蒯』相通。成公九年左傳：『詩曰，雖有絲麻，無棄菅蒯。』玉篇云：『𦸗，苦怪切，草中爲索。左傳曰：『無棄菅𦸗。』是『蒯』當就是『𦸗』字。說文只有『𦸗』而無『蒯』。疑『蒯』是由『𦸗』譌變的。『蒯』與『蕢』通用。春秋時，晋人有屠蒯（昭公九年左傳），禮記檀弓作『杜蕢』。鄭玄注云：『杜蕢或作屠蒯。』春秋時，衛莊公左傳和史記衛世家都說名『蒯聵』，而史記仲尼弟子列傳作『蕢聵』。

這些字我以爲最初是从『𠕋』及『㕡』作，後世改用『貴』爲聲旁創造新字代替舊字。

又『㕡』字與『噲』相通。爾雅釋詁『㕡』字，釋文云：『孫本作快。』按三蒼云：『噲，此亦快字。』（一切經音義引。此據孫星衍輯蒼頡篇。岱南閣叢書）詩斯干：『噲噲其正。』鄭箋云：『噲噲猶快快也。』據此，『㕡』與『快』爲一字，『噲』也與『快』爲一字，則『㕡』與『噲』當也是一字。又『繢』與『繪』通用。說文云：『繢，織餘也，一曰畫也。』考工記：『凡繢畫之事後素功。』鄭司農注引論語：『繢事後素。』今論語作『繪事後素』。釋文云：『繪又作繢。』『㕡』與『噲』爲一字，『繢』與『繪』爲一字。這也必是改用『會』爲聲創造的。

從上述這種演變的規律來看，疑『劊』『膾』也是這樣演變來的。説文云：『劊，斷也』，和『刪』義相同。説文云：『膾，細切肉也。』廣雅釋詁云：『膾，割也。』與『刪』義也相近。我們疑『𠕋』也就是『劊』和『膾』字的本字。卜辭『𠕋牛』『𠕋窂』蓋就是劊牛、劊窂。卜辭用牲之法有沉、埋、㚔、卯、伐、𠕋等。沉、埋是祭祀山川的，對祖先祭祀多用後幾種。但用人爲犧牲則多用『𠕋』。如上舉『𠕋羌』『𠕋𠬝』『𠕋妾』。後世死刑斬殺，行刑者稱爲『劊子手』，疑其語源即起於此。如這種推測不誤，反過來，似也可以證明『𠕋』當是『劊』字的本字。

『𠕋』卜辭用於戰爭，有攻伐之義。這可以釋『潰』或『典』。『𠕋』土方是説擊潰或擊滅土方。

『𠕋』卜辭又爲祭名。我以爲這可以釋『禬』。説文云：『禬，會福祭也。』周禮天官女祝：『掌以時招梗禬禳之事，以除疾殃。』又春官大祝：『掌六祈以同鬼神』，『三曰禬』。這種祭祀的性質，鄭玄謂：『除災害曰禬，禬猶刮去也。』（女祝注）但他又説：『未聞。』（太祝注）禬是什麼性質的祭祀，似鄭玄已不甚清楚了。合卜辭、周禮和説文三者來看，禬大概是一面禳災，一面祈福的。

甲骨文有『[illegible]』和『[illegible]』字，都从『𠕋』作。『[illegible]』有人釋『龢』，字形不合。這個字卜辭所見極少，辭意不明，究應釋什麼字不易推知。這個字从『禾』作，必定與農事有關。由此可以佐證『𠕋』决不是説文之『𠕋』字。

『潛』字也不認識。卜辭：

『不余潛。』（前六・五九・六）

『余不潛。』（前七・一〇・二）

『帚井潛。』（後下二四・五）

『不潛。』（乙七七八八）

這些卜辭都很簡略，辭意難了解，不能據此推知『潛』字的字義。按卜辭有云：

『辛（缺）桒（缺）河，尞五宰，沉五牛，卯五牛，𠭯宰。』（甲三六六〇）

『辛卯（缺）貞，三（缺）酒河，不潛，足。』

這是向河祈年的。此云：『不潛，足。』祈年而云：『不潛，足』，必是說年歲不歉而豐足。此處『潛』疑用爲匱乏之『匱』。『不潛，足』，是說不匱乏而豐足。『潛』釋『匱』，則前舉卜辭便也可解。『余不潛』，是說我不荒歉，不匱乏。『帚井潛』，是說帚井荒歉，匱乏。

從文字演變上講，『𣍘』是『蕢』字的本字。說文云：『蕢，艸器也，从艸貴聲。臾，古文蕢，象形。論語曰：有荷臾而過孔氏之門。』據此，則『𣍘』也應是農器。『𣍘』从『册』，『册』當是農器。可惜『臾』字摹寫已失其原形，不象農器的形狀，不能與『册』相印證。

說文云：

『册，符命也，諸侯進受於王也。象其札一長一短，中有二編之形。』

此說自來没有異議。我們從卜辭看，説文這種解釋是否正確實不能不令人懷疑。『𠕁』字从『册』。我們從這個字的演變和卜辭的辭意看，『册』應是一種農器或手工工具，不是象簡册一長一短、中有二編之形。在卜辭裏，『册』和『𠕁』用法一樣。『𠕁』是用牲之法，『册』也是用牲之法。如：

『丁亥卜，尞于兄，册二牛。』（福一八）

『辛丑卜，㞢三羊，册五十五牢。』（佚八七二）

『𠕁』是祭名，『册』也是祭名。

『辛卯卜，其册妣辛。』（明續六七三）

卜辭有『爯册』，也可以作『爯𠕁』。

『丁亥卜，貞，牧其爯𠕁（缺）册（缺）。』（輔五八九）

如果『册』義爲『符命』，是象編札之形，這些卜辭無論如何也無法解釋。説文有『桂』字，云：『桂，册又可以劃麥，河内用之。』『册又可以劃麥』怎樣解釋呢？『册』如是簡册，如何可以劃麥呢？這也是無論如何講不通的。『册』在這裏非是『劃麥』的農器不可。我以爲『册』與『𠕁』爲一字。『册』與『𠕁』爲一字，則這些卜辭便可以暢通無礙。『册』爲用牲之法，仍爲『劊』；其爲祭名，則仍爲禬。

『爯册』卜辭習見，多用於征伐的卜辭。如：

『乙卯卜，爭貞，沚戠爯册，王比伐土方，受（缺）。』（徵・征伐三六。續三・一〇・二）

『（缺）爭貞。沚戠爯册，王比伐土方。』（庫方一五四九）

『（缺）未卜，㱿貞，沚戠爯册，王（缺）。』（佚五三七）

『己巳卜，爭貞，侯告爯册□衣[illegible]。』（粹一三二三）

于省吾謂『爯册』是稱述王命（見殷契駢枝續編釋爯册）。這是不正確的。以『爯册』爲『稱述王命』，卜辭多不可通。卜辭『爯册』『爯𠕋』又是官名。

『癸未卜，貞，商爯𠕋。』（大龜四版）

『勿商戠𠦪。』（同上）

『貞，勿商殺觲册。』（师友二・二八）

『貞，勿商殺[illegible]戠。』（坊間五・三）

第一、二兩條卜辭同版，是對貞的。第一辭是問是否賞『爯𠕋』。第二辭是説勿賞『戠』。是『戠』當就是『爯𠕋』。『戠』是『職』字的初字。可知『爯𠕋』必定是職官。第三、四兩條當是一片之折。這兩條卜辭也是對貞的，語例與第一、二兩條一樣。可知『爯𠕋』也必定是職官。又卜辭：

『（缺）令𠂤般比（偕）北爯册（缺）。』（京津一三八四）

『北爯册』，更明顯，非是職官名不可。又卜辭：

「貞，戠爯冊，王朔，帝若。」（乙綴一四七・C）

「王其比（偕）望爯冊光及伐望，王弗每，又戋。」（摭續一四一，上海一〇〇）

「爯冊」也是官職。前一辭是説以戠爲「爯冊」，愬於上帝，上帝允諾。後一辭「望」是國族名，「光」是人名。這是説王偕望國的「爯冊」「光」其人前伐望國，「光」大概原是「望」人，叛降於殷者。

「爯冊」是官名，方國也有「爯冊」，可知必不是「稱述王命」。

我以爲「冊」「𠕋」可以釋「旝」。説文云：

「旝，旌旗也，从㫃會聲。詩曰：其旝如林。春秋傳曰，旝動而鼓。」

杜預云：「旝，旃也。……蓋今大將之麾也，執以爲號令。」（桓公五年左傳注）「其旝如林」，今詩大明作「其會如林」。「旝」初蓋作「會」，因「會」是用作號令指揮的旌旗，後又加「㫃」旁表義。「爯」義爲舉。「爯冊」意爲舉冊，即執號令指揮的旗幟。「沚戠爯冊王比伐土方」，是説殷王伐土方，以沚戠爲將，號令指揮。因而也就用以爲官名。

「冊」字又有書寫之意。殷周銅器銘辭辭尾有時有「某某冊」。如肢作父已甗有「來冊」、臣辰盉及臣辰卣有「臣辰冊」、令簋有「雋冊」。郭沫若云：「冊乃書寫之意。」（兩周金文辭大系令簋考釋）又周公簋：

『隹三月，王令燮眔内史曰：莽，井侯服，易臣三品……追孝，對不敢家。邵朕福，血朕臣天子。用册王令，作周公彝。』

『用册王令』，更明顯，『册』義必爲書寫。這是說把王命寫在彝器上。如果『册』字本義爲符命，是象編札之形，這也説不過去。即使是引申，也不能引申爲書寫。這必須『册』是書寫的工具，或者假用其他勞動的詞匯才行。說文云：『畫，界也，象田四界。聿所以畫之。』如説文所説，『畫』字的本義乃是劃分田界。但繪畫也用『畫』字。這必是由劃分田界引申的，也即假用『畫』這個詞。『册』義爲書寫蓋也是這樣引申的。

『册』義爲書寫，所書寫的東西，也即是文字記載，便也稱『册』。這和『書』字的本義爲書寫，所書寫的東西稱之爲『書』一樣。尚書多士：『惟爾知惟殷先人有册有典。』僞孔傳云：『殷先世有册書典籍。』『册』顯爲文字記載。說文訓『册』爲『符命』，乃是由册命附會的。

甲骨文有字。這個字在卜辭裏用法也和『册』『𠕁』一樣。『爯册』『爯𠕁』也可作『爯𠕋』。

『壬申卜，㱿貞，（缺）囚，爯𠕋乎比（缺）。』（前七·六·一，林二·一一·一三）

『甲申卜，（缺）貞，侯（缺）爯𠕋（缺）。』（京津一三八〇）

也用於征伐：

『貞（缺）𠕋召方，受又。』（寧滬一·四二九）

『（缺）冊伐𠯑方（缺）。』（同上）

這個字學者也釋『冊』。我以爲可以釋『典』。這個字甲骨文或作『』或『』，金文『典』字有作『』者，字形正相同。

尚書微子：『殷其淪喪。』史記殷本紀作『殷其典喪』。清代學者王鳴盛（尚書後案）和孫星衍（尚書今古文注疏）也都認爲『淪』當爲『典』。錢大昕謂『典』當讀如『殄』。他說：『予謂典讀如殄。典喪者，殄喪也。考工記：輈顧傾典。鄭司農讀典爲殄。燕禮：寡君有不腆之酒。注云，古文腆爲殄。是典、腆與殄通。』（廿二史考異）按詩新臺：『籧篨不殄。』鄭玄云：『殄當作腆。』疏云：『腆與殄古今字之異。』是『典』爲『殄』之古字。説文云：『殄，絶也。』爾雅釋詁云：『殄，盡也。』『典』義蓋滅絶、滅亡。『殷其典喪』，蓋謂殷滅亡。卜辭『典𠯑方』『典伐𠯑方』，蓋是説滅𠯑方。

卜辭有『工典』如：

『（缺）亥，王卜貞，旬亡畎（缺）月。甲子，酒，妹，工典（缺）餗。王正尸（缺）。』（前二・四〇・七）

『癸巳卜，貞，王旬亡畎。在六月。乙未，工典其蘉。』（前四・四三・四）

『癸未，王卜貞，旬亡畎。王𡆥曰，吉。在八月。甲申，工典其□。』（珠二四四）

『癸酉，王卜貞，旬亡畎。王𡆥曰，吉，在十月又一。甲戌，妹，工典其。隹王二祀。』

（續一・五・一）

『⿱册廾』學者多釋『册』，按這也應釋『典』。這就是典禮之『典』。國語周語：『啓先王之遺訓，省其典圖刑法。』韋昭云：『典，禮也。』『工』即爲『攻』，治也。『工典』是説治禮。卜辭『工典』是在周祭兩種祭法之間舉行的。周祭是彡、羽、咎三種祭祀周而復始地舉行的。在彡祭已了羽祭未舉行以前及羽祭已了咎祭未舉行以前，各有一旬的時間不舉行祭祀。在這一旬中，舉行『工典』。疑『工典』就是準備下一種祭祀的典禮。

説文云：『典，五帝之書也，从册在丌上，尊閣之也。莊都説：典，大册也。』國語楚語：『教之訓典。』韋昭云：『訓典五帝之書。』尚書多士：『惟爾知惟殷先人有册有典。』僞孔傳謂『典』爲『典籍』。『典』也是書籍，即文字記載，義與『册』相同。

我們从卜辭看，『册』『𠕋』『典』應原即是一字。『𠕋』『典』是由『册』孳乳的，因而卜辭通用。『册』疑是一種工具。這幾個字有劊殺、滅絶、書寫、典籍等義，都是引申。

釋眔臣

現在歷史學者多説殷代是奴隸制社會。殷代既是奴隸制社會，應該就有不少的奴隸。但在甲骨文裏，却没有找到奴隸的字。學者用以證明殷代爲奴隸制的，只是臣、小臣、衆、羌及人犧、人殉等等。這些證據都是間接的而不是直接的。臣、衆的身份是否就是奴隸也還有問題。因爲對於殷代的奴隸沒有直接證據，殷代奴隸的情況，我們便不太清楚。

殷代已有奴隸，這決沒有問題的，這不論從當時生産情況或社會發展講都可推見。殷代既有奴隸，則甲骨文就必定有奴隸的文字。

甲骨文有眔字。此字學者或釋臮。釋臮自是正確的。我們認爲此字原實是奴隶的隸字，此字的本義就是奴隶，其義爲臮乃是假借。此字是隶字學者早已指出了。説文云：『隶，及也。』又云：『眔，目相及也。』『目相及』，目怎樣相及呢？這顯然不通。眔義實就是及。隶眔二字音同義同，可見當是一字之變。又説文云：『逮，唐逮，及也。』于遝字云：『遝，迨也。』廣韵云：『迨遝，行相及也。』可知逮、遝二字義也相同。公羊傳『祖之所逮聞』，逮，石經作『遝』。中庸『所以逮賤』，釋文作遝，更足知逮遝相通。隶、眔、逮、遝四字音義皆同，可知必都是一字之變。隶字就是眔字。按隶是隸字所从作，因此，我們疑心眔即隸字的初文。此字是由眔譌變爲隶，再由隶演變爲隸。説文云：『隸，从隶柰聲。』這當是後世加『柰』表聲的。眔甲骨文作或，象目墮泪，疑這是象奴隶痛苦流泪的形狀。

卜辭眔字有兩種用法：

『丁丑卜，𣪘貞：于來己亥酉高妣己眔妣庚。』（續一・三九・一）

『癸酉卜，行貞：王賓父丁歲，二牛，眔兄己一牛，兄庚□，亡尤。』（後上一九・一四）

『丁卯卜，行貞：王賓父丁歲，宰，眔祖丁歲，宰，亡尤。』（明三五二）

『其又妣丙眔大乙酒，王受又。』（甲一六〇九）

『（缺）戌卜，彭貞：其又㚔于沈眔上甲，在十月又二，小臣（缺）。』（甲二六二三）

『癸亥卜，貞：隹大乙眔祖乙鄉。』（甲二八〇九）

『（缺）卜，今日（缺）舞河眔羔。』（粹五一）

『丁酉卜，王其冊羔賁，叀犬十眔豚十，又大雨。』（粹二七）

這裏眔都是連接詞，義爲及，自應釋臮。臮从字形看，很明顯也就是眔字的譌變。

卜辭又云：

『（缺）乎眔（缺）。』（前七・二〇・三）

『壬子卜，𢀛貞：叀戊乎眔。』（甲二二五八）

『癸未卜，貞：乎比眔䒣，六月。』（徵・人名・六二）

『貞：令眔（缺）示（缺）𢓊。』（甲二〇四九）

『三族令眔。』（後下二六・一六，寧一五〇六）

這裏眔在呼和令字之下，都是名詞，訓及決不可通，這義非爲奴隸不可。呼眔即呼喚奴隸，令眔即命令奴隸。

又卜辭云：

『癸丑卜，貞：令見取啓眔十人于惠。』（大龜四版）

『乙卯卜，貞：永克取啓眔十人于惠。』（同上）

此云：『眔十人』，更足證眔必是人，是奴隶。又卜辭云：

『（缺）五牢，卯眔。』（寧一・二六一）

卜辭每云『卯牛』『卯羊』，意爲殺牛殺羊，以牛羊爲犧牲。此云『卯眔』，語例與『卯牛』『卯羊』一樣，這又可以看出眔義必爲奴隸，這必是把奴隶當牛羊一樣用作犧牲的。

還有，卜辭每云『弜眔』：

『貞：弜眔。』（續一・四六・五）

『弜眔。』（甲八八三）

『弜眔。』（摭續二七七）

這種卜辭語法與『弜勿』相同。『弜勿』是以犂牛爲犧牲，『弜眔』也必是以奴隶爲犧牲的。

卜辭又云：

『丁酉卜，貞：亩用眔。』（續六・七三，佚八九三）

用眔更明是以奴隶爲犧牲了。

甲骨文又有⿱宀眔字。卜辭云：

『貞：戊（缺）其⿱宀眔羌□□。』（京三四三〇）

⿱宀眔字的作法和牢、宰、寓構意完全相同，而它的用法也和這些字一樣。這意也必是將奴隶當牛、羊、馬一樣的看待，用作犧牲的，『其⿱宀眔羌』，這必是以羌人爲奴隶而用作犧牲。商代統治者把奴隶當牛馬一樣屠殺，當時奴隶實痛苦到極點。

又卜辭：『貞，冓眔逃，允隻。』（乙綴二二四）

這當是奴隶逃亡而被捕獲。

金文也有眔字，它的用法也和在卜辭中的用法一樣。

『隹三月，王令荣眔内史曰：蒭，井侯服……』（周公殷）

『……在五月既望辛酉，令士眔史寅殷於成周……』（臣辰盉）

這裏，眔也都是連接詞，義爲及。

『令汝眔舀：𩜴正對各，死𤔲王家外内，毋敢又（有）不聞𤔲百工，出入姜氏令。』（蔡殷）

此處眔便决不能訓及。這裏眔是名詞，義必是臣，『令汝眔』即『令汝臣』。

不論從甲骨文和金文看，我們覺得，眔本義是奴隶，似無可疑。

我們以爲臣字即由眔字演變的。説文云：

『臣，牽也，事君也。象屈服之形。』

這種解釋，很明顯是想象之詞。臣字，我們怎樣也看不出其義爲牽，也看不出一定就象屈服之形。按臣字與隸字字義相同。定公九年左傳云：

『（陽虎）奔齊，請師以伐魯。曰：三加，必取之。齊侯將許之，鮑文子諫曰：臣嘗爲隸於施氏矣，魯未可取也。』

又襄公二十一年左傳云：

『（齊）莊公爲勇爵，殖綽，郭最欲與焉。州綽曰：東閭之役，臣左驂迫，還於門中，識其枚數，其可以與于此乎？公曰：子爲晋君也。對曰：臣爲隸新，然二子者譬於禽獸，臣食其肉而寢處其皮矣。』

鮑文子説他『嘗爲隸於施氏』，是説他曾爲魯國施氏之臣。州綽是由晋國逃往齊國的，他説他『爲隸新』，即是説他爲齊臣不久。隸與臣義顯然一樣。

臣字我們以爲即由罘字省變的。罘甲骨文作□，臣則作□，臣字只將罘字的小點省去，再由横目變爲竪目而已。甲骨文有□字，學者釋目。按卜辭云：

『癸未（缺），貞，乎□□□。』（後下三〇·五）

『癸巳卜，㱿貞：子漁疾，□福告于父乙。』（師友二·五三）

『（缺）衜王□于妣己。』（坊間三·三九）

『叀王令□歸。』（摭續一八五）

這許多□字釋目皆不可通。這非是臣字不可。此字字形和罘字很明顯一樣，僅省去一些小點而已，可知臣必是罘字之省。又卜辭：

『貞（缺）□舌方。』（前四・三二・六）

『乎□舌方。』（藏三九・四）

『□舌方』又作『臣舌方』，更足證□字必就是臣字。還有，罘字甲骨文也有作□和□的，罘字的橫目也可以作豎目，這更可以推知臣字必是罘的省變了。

臣字是罘字的演變，但卜辭臣字的字義已不完全與罘相同，殷王的大臣和屬於商的國家也都稱臣，他們的身分不是奴隸。這當是當時的奴隸已有分別，有些奴隸身分也略提高，脫離牛馬一樣悲慘的生活了。同時這也證明了商王的統治權力必已很高，他已將他的大臣和屬於商的部落，看作和奴隸一樣了。

一九五六年九月一七日草於蕪湖獅子山，發表於《安徽師範學院科學研究》一九五七年第一期。

釋比

甲骨文有从、比兩個字：从作□，比作□。這兩個字形極相近，很難分辨，有些學者就以爲即是一個字；有些學者雖然把它分爲兩個字，但比字的字義爲何，也還不甚明了。因爲比字的字義不能確知，有些卜辭的辭義也就不免不能正確地了解。

這兩個字，我們認爲實不是一個字，它是有分別的。在字形上可以看出二者實不一樣。比我們以爲其本義實爲偕。説文云：『比，密也，二人爲从，反从爲比。』比是『从』的反面，其義很明顯就是偕。从義爲隨行，是象二人同行，後面一個人隨着前面一個人走。比是从的反面，乃是二人同行，前面一個人携帶著或引著後面一個人走。前面一個人携帶著或引著後面一個人走，其義非偕而何？比實就是象二人相偕，前面一個人携帶後面一個人走。徐鍇云：『比，皆也。』（説文繫傳）皆就是偕。徐氏也就認爲比義爲偕了。

卜辭：

『乙卯卜，争貞：爯戠沚册，王比伐土方，受（缺）。』（徵・征伐・三六）

『（缺）卯卜，争貞：沚戠爯册，王比伐土方，受㞢又。』（續三・一〇・二）

『（缺）争貞：沚戠爯册，王比伐土方。』（庫方一五四九）

『戊午卜，賓貞：王比沚戠伐土方，受㞢（缺）。』（後上・一七・五）

『辛酉卜，㱿貞：王比爯戠（缺）土（缺）。』（藏二四五・二）

這都是伐土方的卜辭。釋比爲从，或訓比爲密，辭義皆不可通。若訓比爲偕，則辭義便明白曉暢。這是説王偕沚戠往伐土方。

『丙戌卜，争貞：今春，王比望乘伐下危，我受㞢又。』（藏二四九・二）

『（缺）卜，㱿貞：王比望乘伐下危，受又。』（粹一一一三）

『（缺）貞：王勿比望乘伐下危，不受又。』（同上）

這是伐下𡆥的卜辭。這些卜辭的語法和上面的一樣，比也非是偕不可。這當是卜王是否偕望乘去伐下𡆥。

『……余其比多田于多白正盂方白。』（甲二四一六）

『……比多田于多白正盂……』（甲二三九五）

『甲午，王卜貞：乍余酒，朕禾酒，余步，比侯喜正尸方……』（纂五九三）

這裏比義也必爲偕，前二辭是說偕多甸和多伯征盂方，後一辭是說偕侯喜征尸方。

此外：

『貞：王比沚戠。』（前一・四五・五）

『貞：王勿比沚戠。』（前一・四七・五）

『壬辰卜，㱿貞：勿隹沚戠比，九月。』（誠明二九）

『王勿隹沚戠比。』（佚三七五）

『貞：勿隹沚戠比。』（京津一二六六）

『勿隹，沚戠比。』（前六・二五・七）

『貞：壬亩沚戠比。』（京津一二六六）

『貞：勿隹侯虎比。』（佚三七五）

『貞：亩侯虎比。』（同上）

『貞：王國侯告比，六月。』（續五・三一・五）

『貞勿隹侯告比。』（乙七〇四〇）

『丁巳卜，争貞：勿隹壬自比望乘，乎（缺）。』（掇二・一二三）

『己未卜，争貞：勿隹王比望乘乎往。』（同上）

『癸未卜，王貞：余比侯專。八月。』（前五・九・二）

這許多『比』，也明顯地可以看出義必爲偕。

其餘這一類的卜辭很多。『比』訓偕，無往而不可通。

比義又爲和。莊子徐無鬼：『農夫無草萊之事則不比；商賈無市井之事則不比。』玄英疏云：『比，和樂。』戰國策魏策：『魏文侯與田子方飲酒而稱樂，文侯曰：鐘聲不比乎，左高。』比義也當爲和，鐘聲不比，即鐘聲不和諧。又莊子徐無鬼：『此皆順比於歲，不物於易者也。』荀子議兵篇：『因其民，襲其處，而百姓皆安；立法施令，莫不順比。』比義也爲和，『順比』意蓋謂和順。比義爲和，即是和諧，也就是比實就是諧。我們認爲皆、偕、喈、諧、階、陛等字都即由比一字孳乳的，其字義也是由比引申的。即由二人同行引申爲皆、和諧、比耦、比次、比輔等義。由比次又假用爲階陛。階陛二字同義即因二字是同源的緣故。

卜辭有『比犬』。

『其比犬廿，禽又狼，茲用。』（粹九二四）

『王叀犬比，亡𢦏。』（粹九二五）

『其比犬，禽。』（同上）

『（缺）酉卜，王往田，比來殺犬，禽。』（寧一·三九四）

『王叀磬犬卅比，亡𢦏。』（寧一·三九六）

楊樹達釋比爲从，『从犬』即以犬相从（積微居甲文説）。我們以爲比義仍爲偕，『比犬』即偕『犬』前去田獵。此處犬，楊樹達謂是獵犬，我們看恐仍是人。卜辭：『戊辰卜，在澅，犬中告麋，王其射，亡𢦏，禽。』（粹九三五）郭沫若謂『犬中』是犬人之官名中。又卜辭『辛亥卜，翊日壬，其比才成犬𢀛，弗每，亡𢦏』（摭續一）『犬𢀛』也必是犬人之官名𢀛（𢀛楊樹達釋禽誤）。由此可知犬實是官職之名而不是獵犬。這兩條卜辭還可以説記有人名，『犬』應是官職；没有人名的也可以看出『犬』是官職而不是獵犬。卜辭：

『在盂，犬告豚于戲麓，王其比。』（師友二〇七）

『壬其比盂犬，其田戲，亡（缺），其雨。』（龜二·二八·一三）

這兩條卜辭辭義大致相同。這裏第一條卜辭『犬告豚』與粹九三五『犬中告麋』一樣，可知『犬』也必是人而不是獵犬。而這裏『比盂犬』與上面的『比犬』『比來殺犬』一樣，可見上面『比犬』之『犬』也必是人。卜辭『比犬』之『犬』應都是人，不是獵犬。

卜辭『犬』，郭沫若謂是周禮秋官『犬人』（粹九三五考釋），楊樹達謂是周禮地官的『迹人』(積微居甲文説釋犬)。迹人職云：『掌邦田之地政，爲之厲禁而守之，凡田獵者受令焉。禁麛卵者與其毒矢射者。』又哀公十四年左傳云：『迹人來告，曰：逢澤有介麇焉。』迹人告麇與卜辭犬告麇相同，『犬』即迹人，楊氏之説甚的。按員鼎云：

『隹征月既望，癸酉，王獸于𩰫，王令員執犬。』

我們以爲卜辭之『犬』也就是『執犬』。這就是田獵的時候令人携帶犬追尋畎的踪迹。這種携帶犬追尋畎踪的人，殷代也就稱爲『犬』。『比犬』就是偕同這種『執犬』的人一道去田獵。

甲骨文又有匕字，作，卜辭匕義也爲偕。

『己丑卜，王叀壬匕犬，禽。』(明七三四)

『王其田，叀戍犬匕，禽，亡𢦏。』(摭續一二四)

『癸卯卜，戊，王其匕犬甶(缺)。』(粹一一四八)

『王其田，叀犬𠂤匕，禽，亡𢦏。』(摭續一二四)

『亩匕犬，乎田。』(乙六四〇二)

這些卜辭語例和前面『比犬』的卜辭完全一樣，匕義也必爲偕。『戍犬』和前面『磬犬』『宕犬』『盂犬』一樣，『戍』也是地名，『戍犬』即『戍』地的執犬的人，『犬甶』和前面『犬中』『犬𢀛』一樣，『甶』是人名。『犬𠂤』楊樹達謂是𠂤犬的誤倒，𠂤是地名，不確。這裏『𠂤』自也是人，『犬𠂤』我們疑心就是『犬師』，也就是專門携犬追尋畎踪的人。如此説不誤，則上面所有的『犬』應都就是『犬師』。

又卜辭：

『乎我匕先于叀。』（乙綴二七二）

『勿乎我匕先于叀。』（同上）

匕義也爲偕。先義爲往，先从止从人，是象人向前行走。『匕先于叀』意謂同往于叀。又甲骨文有化字，卜辭：『辛未卜，行貞：其乎化行。又冓』（粹五一一），化，我們看，義也是偕。化从匕从彳，彳乃是表示行走，『化行』即是偕行。匕義爲偕，和比相同，匕，比實即一字，匕乃是比之省。説文云：匕『从反人』，這也説明匕是比之省。比是『反从』，也就是兩個『反人』，而匕是一個『反人』，匕非比之省而何。

甲骨文妣字作，這很明顯也就是匕字。我們疑心妣的原義也就是比耦、配耦，其作爲祖妣的稱謂乃是假借的用法。因爲祖妣的稱謂是抽象名詞，很不容易用字形來表示的，非假用其他的字不可，因爲比義是二人偕行，有比耦、配耦的意思，所以就假匕作爲稱謂。

一九五六年九月三十日草於蕪湖獅子山，發表於《安徽師範學院科學研究》一九五七年第一期。

釋之

說文云：『之，出也。』爾雅釋詁云：『之，往也。』在卜辭中，訓『之』爲『出』或『往』都不可通。過去學者也没一致的解釋。胡光煒先生謂此字相當於『爾雅之子猶言是子也之是』（說文古文考），這個字義確爲是。

在典籍中『之』義爲『是』是習見的。

『之子于歸，言秣其馬。』（詩漢廣）

『之子歸，不我以。』（詩江有汜）

『彼其之子，不興我戍申。』（詩揚之水）

『彼其之子，舍命不渝。』（詩羔裘）

『心之憂矣，之子無裳。』（詩有狐）

鄭玄云：『之子，是子也。』

又：

『乃如之人也，懷婚姻也。』（詩蝃蝀）

『之人也，之德也。』（莊子逍遥游）

「若之二士者，言相非而行相反與。」（墨子 兼愛下）

「之二蟲又何知。」（莊子 逍遙游）

「之」字與上面的用法一樣，義也爲「是」。「之人」就是「是人」，「之二士」就是「是二士」，「之二蟲」就是「是二蟲」。

書 金縢：

「今我即命于元龜，爾之許我，我其以璧與珪俟爾命。」

史記 范雎列傳：

「今夫韓魏，中國之處，而天下之樞也。」

論語 爲政篇：

「父母唯其疾之憂。」

「之」義也爲「是」。這和「惟德是依」「惟力是視」之「是」字的用法一樣。「爾之許我」即「爾是許我」。「中國之處」即「中國是處」。「唯其疾之憂」即「唯其疾是憂」。「之」是助詞。

莊子 繕性篇：

「今寄去則不樂。由之觀之，雖樂未嘗不荒也。」

「由之觀之」顯然是「由是視之」。

莊子 列禦寇篇：

『知而不言，所以之天也；知而言之，所以之人也。』

『之天也』『之人也』，『之』義爲『是』。這是用爲系詞。這是説：天是不能説話的，天是知而不言，所以説知而不言是天。人是會説話的，人知道了一定要説，所以説知而言之是人。

在典籍裏，還有『是』通作『之』的。莊子天運篇云：

『天其運乎？地其處乎？日月其争於所乎？孰主張是，孰綱維是？孰居無事推而行是？

雲者爲雨乎？雨者爲雲乎？孰隆施是？孰居無事淫樂而勸是？』

這幾個『是』字都是指事代詞用作賓詞的，顯然都是『之』字。

於此，我聯想到一件事。論語顔淵篇：

『子貢問政。子曰：足食，足兵，民信之矣。子貢曰：必不得已而去，於斯三者何先？曰：去兵。子貢曰：必不得已而去，於斯二者何先？曰：去食。自古皆有死，民無信不立。』

我少年時讀論語，讀朱熹集注，這章書總是覺得有些講不通。朱熹云：

『言倉廩實而武備修，然後教化行而民信於我，不離叛也。』

照朱熹的解釋，足食、足兵是爲政兩件重要的事，人民信服是足食足兵的成效。這顯然是不正確的，和下文文意不合。下文子貢問：『必不得已而去，於斯三者何先。』又問：『必不得已而去，於斯二者何先。』明明是説三件事而不是兩件事，所以朱熹這種解釋實一定是錯的。

邢昺論語正義云：

『子曰，足食足兵民信之矣者，此答爲政之事也。足食民知禮節，足兵則不軌畏威，民信之則服命以化。』

劉寶楠論語正義云：

『民信之矣者，民字當略讀，信謂上予民以信也。……民信之與足食足兵爲三政。』

這把『足食、足兵、民信之』三事并列，比朱熹的解釋自屬正確些。但他們的解釋仍然是錯的。『足食、足兵、民信之』三者平列，這樣的句法在文章中是没有的。這一章最後孔子說：『自古皆有死，民無信不立。』『民信』就是說統治者對人民要有信用。邢昺說『民信之，則服命以化』，與原意不合。劉寶楠說『信謂上予民以信』是正確的，但他說民字當略讀，這又任意删改了。

這章書學者所以糾纏不清，問題就在一個『之』字。他們總以爲『之』字是個指事代詞。『之』字在這裏若是個指事代詞，無論如何，都說不通。此處『之』字義實也爲『是』。『之』訓『是』，則這章書便非常明白。這一章是說子貢問政於孔子，孔子說：足食、足兵、民信『是』矣。『是矣』是表示肯定，就是說這三項最重要。『民信』是說統治者對人民必須要有信用，不是人民信從統治者。後來子貢又問：『必不得已而去，於斯三者何先。』是說在足食、足兵、民信三者之中先去哪一項。孔子說去兵。子貢又問，『必不得已而去，於斯二者何先』，是說在足食、民信二者之中先去哪一項。孔子說去食。孔子認爲對人民的信用最爲重要，寧可不食而死，不可對人民無信。

段玉裁云：『之有訓爲此者：如之人也，之德也，之條條，之刀刀。』這是不正確的。『之』只有用爲冠詞的時候，義才與『此』相同，其用作助詞或係詞的時候，便不能訓『此』。如『爾之許我』『中國之處』『所以之天也』『所以之人也』，『之』訓『此』便不可通。『之』實只能訓『是』，不能訓『此』。

在卜辭裏，『之』訓『是』無不可通。

『（缺）[illegible]，之日，[illegible]益。』（前五·一四·四）

『庚子卜，[illegible]貞，王[illegible]，其冓（缺），之日[illegible]，冓雨。』（前五·二七·五）

『之日，風雨。』（龜一·三〇·二）

『之日，允雨。』（龜一·四·九）

『乙卯卜，㱿貞，今日王往于𦎫，之日大采，雨，王不步。』（粹一〇四三）

『之日，王往于田，从㱿京，允隻麑二、雉十。』（續三·四三·一〇）

『之日，王往于田，从東，允隻豕三，十月。』（龜二·二二·一〇）

『之日，王往逐[illegible]。』（師友一二）

『辛亥卜，王其衣，不冓田。之日，王[illegible]，允衣，不冓雨。』（續存下一二六）

此處『之』葉玉森釋『止』（殷墟書契前編集釋）。商承祚、孫海波謂『之日』二字是『時』

字。此處『之』與『之子』『之人』用法一樣，義實爲『是』。『之日』就是『是日』。『之日風雨』是説是日起風下雨。『之日允雨』是説是日果然下雨。『之日王往于田』是説是日王前往田獵。

『其雨，之夕，允不雨。』（前三・三一・三）

『之夕，允不雨。』（前七・一四・三）

『之夕，允雨。王固曰（缺）。』（龜一・二七・一七）

『癸卯卜，貞，夕亡𡆥。之夕雨。』（續四・一二・一）

『庚辰卜，史貞，今夕雨。之夕雨。』（粹七六九）

『之夕，風。』（甲三一一三）

『（缺）卜，□貞，自今至于丁巳，我𢦏甾。王固曰，丁巳我其𢦏。于來甲子𢦏。旬㞢一日癸亥，車弗𢦏。之夕[illegible]，甲子，允𢦏。』（乙七七七一）

『之夕』就是『是夕』。『之夕雨』就是『是夕雨』。『之夕風』就是『是夕』起風。

『其曰之。』（乙七三八五）

『貞，王䟴循，曰之。貞，勿曰之。』（佚五二四）

『辛巳卜，貞，其曰之。貞，不其曰之。貞，不曰之。』（乙綴一九一）

『貞，勿曰之。』（庫方一五五三）

『丁丑貞，不之。』（續存上二二二七）

這裏『之』義也是『是』。這是『是否』之『是』。『其日之』是說『是』。『不之』就是『不是』。

『不隹之。』（龜一・三〇・九）

『己亥卜，賓貞，隹之。』（明五七）

『乙□，王往于田，弗祖丁眔父乙隹之。』（乙六三九六）

這裏『之』義也是『是』。『隹之』『不隹之』意即爲『是』和『不是』。

『癸巳，子之亡囚』。（乙八三一三）

『丁卯卜，貞，夕之雨。』（綴合編二七〇）

『隹之壱。』（中大一三六）

『辛卯卜，賓貞，沚戠啓□王，勿隹之比。』（乙七八一八）

『之』義也爲『是』。這是用作助詞，表示肯定的意思，和『爾之許我』『中國之處』的『之』字一樣的用法。

卜辭又每言『之若』『不之若』。

『戊申卜，（缺）之若。』（福六・三三）

『貞曰，之若。』（庫方一五五三）

『弜佫，之若。』（粹一〇六二）

『其㝵，于之若。』（前五·三一·一）

『弜鄉，于之若。』（粹一四二）

『弜祭，于之若，又正。』（粹五四二）

『弜己桒，于之若。』（粹三三五）

『弜㓷，于之若。』（續存上一七八一）

『叙𤼽，于之若。』（續存上一七八二）

『貞，弜祖乙栅用，于之若。』（甲一三四）

『之若』陳邦懷和商承祚謂是人名，即殷先公昌若的七弟。這實是想象。以『之若』爲昌若的弟兄，唯一的根據是『之若』和昌若同一個『若』字。按兄弟命名有一字相同，我國古代是沒有這種習俗的。這種風俗東晋南北朝時才開始有。以東晋南北朝以後的風俗解釋殷代的歷史，顯然難以符合。而且這樣解釋，卜辭也不可通。

『之若』實就是『是若』。『若』義爲順遂，『之若』『于之若』，意都爲順遂。

『叀𤰈田省，徙至，于之亡𢦏。』（粹一〇一三）

這裏『之』楊樹達謂是地名（卜辭瑣記四七）。這也是錯的。此辭楊氏句讀錯了。他讀作『徙至于之，亡𢦏』。此辭實應讀爲『徙至，于之亡𢦏』。『之』義也爲『是』。『于之亡𢦏』和『于之若」用法一樣，意就是亡𢦏。

毛公鼎云：

「王曰：父厝，雩之出入事于外，尃命尃政。」

「之」義顯也爲「是」。這裏也是用作助詞。殷周時代「之」字蓋都爲「是」。

一九六二年三月十九日草於合肥

釋弋

甲骨文「弋」字，學者都釋「戈」。這個字釋「戈」字是沒有問題的。不僅金文和篆文，就是甲骨文也有作「戈」的了。這很明顯是「戈」字。

我們研究「戠」和「𢦏」兩個字的時候，看到「弋」當是農器，應是鋤一類的農器。「弋」是農器我們還可以看到一些證據。

甲骨文有「𢦔」字。這就是「𢦔」字。說文云：「𢦔，絶也。一曰田器。」又卜辭云：

「（缺）卜，□令多農𢦔𢦏。」（前四·一〇·三）

「𢦔𢦏」與「多農」連文，意非是耕種不可。「𢦔」義爲田器實屬可信。「𢦔」是田器，其字從「弋」作，可知「弋」必是農器。

甲骨文又有『戔』字。在卜辭裏，這個字多用之於戰爭。

「（缺）登人三千乎戔。」（前六・三八・四）

『貞，勿戔𢀛方。』（龜二・五・一四）

這個字从二『戈』，就是『戔』字。也就是『殘』字。說文云：『戔，賊也。』『殘，賊也。』『戔』『殘』義相同。漢校官碑：『禽姦戔猾，寇息善歡。』『戔』義蓋爲殘敗、殘滅。字或又作『剗』。廣雅釋詁云：『剗，削也。』戰國策齊策：『剗而類，破吾家。』高誘云：『剗，滅也。』呂氏春秋觀世篇：『彊者勝弱，衆者暴寡，以兵相剗，不得休息。』『剗』與『戔』『殘』義相同。又墨子備梯篇云：『機冲錢城。』『錢』字過去學者多不知應作何解釋。王引之說『錢』是『棧』字之誤。意爲行棧。『城』就是行城。（墨子閒詁引）這不僅是增字爲解，語言仍不明白。我以爲『錢』也就是『戔』字。『機冲錢城』是說用冲車攻城。『戔』『殘』『剗』『錢』實原就同一個字，从『歹』从『刀』从『金』都是後世增加的。卜辭『戔』字義當也是攻擊。『登人三千乎戔』，是說命登三千人攻擊。『勿戔𢀛方』是說不攻𢀛方。『戔』本義爲攻，引申爲滅。

按『錢』『剗』是農器。詩臣工『庤乃錢鎛』。傳云：『錢，銚也。』說文云：『錢，銚也，古田器。』齊民要術耕田篇云：『剗柄長三尺，刃廣二寸，剗地除草。』一切經音義四分律音義云：『剗古文鏟同，初簡切。說文：鏟，平鐵也。今方刃施柄者。』據此，『錢』『剗』就是銚，也就是鏟子。『錢』『剗』是農器，『弋』必是農器。這裏只有一點：就是照這種解釋，『剗』是銚和鏟子，這和『弋』字的字形不相合。『弋』是橫柄，而銚則是直柄。這我疑乃是由於語言變化的緣故。最初平地除草是用『弋』（即剗），因而平地除草也稱爲『剗』。説文云：『鏟，平鐵也。』魏書高祖紀云：『南北征巡，有司奏請治道。帝曰：粗修橋梁，通輿馬便止。不須去草剗令平也。』齊民要術耕田篇云：『剗地除草。』後來平地除草用直柄的銚和鏟子，因此又名這種農器爲『剗』（鏟）。

『』這種農器有橫柄，是和鋤相同的。它的名稱我以爲實爲『⿰木寺』或『⿰木㝵』。我們在釋戠中已經説過，説文云：『樴，弋也。』『樴』就是『植』，也就是『⿰木寺』。又从『弋』作的字有『代』『忒』『貣』等字。説文云：『代，从人弋聲』，『忒，从心弋聲』，『貣，从貝弋聲』。這些字都是由『弋』得聲，而聲音都和『⿰木寺』（⿰木㝵）相同，可知『弋』必音『⿰木寺』（⿰木㝵）。現在我們家鄉蕪湖一帶還稱用鋤鋤地爲『⿰木㝵田』。它的語源當就由此而來。

『弋』是農器，這個字又是『戈』字，換言之，又是兵器，這是什麼原因呢？這乃由於古代最初農器就是兵器的緣故。在石器時代，除了弓矢以外，農器和兵器是没有分別的。往後金屬發明，再經過相當時期的發展，兵器才逐漸和農器分開。兵器是源於農器的。因爲『戈』與『弋』原來是同一種東西，所以它們的字形也就相同。

『』也應就是弋獵的『弋』字。這不僅從字形上可以看出，在字義上這也是『弋獵』。卜辭云：

『甲寅卜，王勿乎□□。』（契六二七）

『（缺）□□亘𢦏。』（前七·一三·一）

『浸虎（缺）□虎。』（契六四二）

『癸巳卜，□貞，乎□。』（後下八·一〇）

『王其乎□，□虎，□录牛。』（粹九八七）

『（缺）卜，叀牢。（缺）隹虎□□（缺）亡𢦏。』（粹九八七）

『甲午卜：貞，乎□尹□□。』（龜一·二六·一八）

這裏『□』義都是弋獵。『□』王國維釋『羉』。爾雅釋器云：『彘罟謂之羉。』這個字正是象張網捕豕之形。『□豕』當是說弋獵野猪。『□虎』當是弋獵老虎。『乎□，□虎』當是說喚人弋獵，禽捕老虎。弋獵的『弋』字說文作『隿』，『弋』字則訓『橜』。但在經傳裏，弋獵的『弋』字都作『弋』。『隿』字當是後起字。這乃因爲『弋』字有不同的字義，所以加『隹』以表示區分。

卜辭『弋』字又用之於戰爭，如：

『己巳卜，㱿貞，□方弗允□。』（前三·四·三）

這我以爲也應釋『弋』。書多士云：『非我小國敢弋殷命。』『□』當就和此處『弋』義相同。卜辭又云：

『癸卯卜，㱿貞，乎雀衒伐亘，𢦏，十二月。勿乎雀衒伐亘，弗其𢦏。』（乙六三一〇）
『衒』當也就是『弋』字，這乃是『弋』字的別稱。『衒伐亘』意更明顯是攻伐亘。由此知『弋』義必爲攻。僞孔傳云：『弋，取也。』『弋』義當爲攻取。

這裏有一個問題，就是『弋』字的字形和字義不相應。『弋』是用矰繳射飛鳥。

『隿，繳射飛鳥也。』（説文）

『弋，繳射也。』（詩女曰鷄鳴箋）

『弋，繳射飛也。』（呂氏春秋季春紀高誘注）

『弋鳧與雁。』（詩女曰鷄鳴）

『子釣而不綱，弋不射宿。』（論語述而篇）

『荆莊王好周遊田獵，馳騁弋射。』（呂氏春秋愼欲篇）

『』是戈，决不可能用以射飛鳥。這只有兩種解釋：一是『弋』是個假借字，一是引申義。但這樣解釋也有困難。假借必須聲音相同，而這兩個字聲音却不同。不論農器的弋或兵器戈都難引申爲繳射。我疑這還是由於農器的『弋』與戈和繳射的矰同源的緣故。換句話説，農器的『弋』和兵器的戈與矰最初原是一物，矰加橫柄便成爲農器的『弋』和兵器的戈。矰舊都認爲是矢，但從它的形制看，矰與矢實不是一物。説文云：

『矰，隿射矢也。』

『緐，生絲縷也。謂縷繫矰矢而以隿射也。』

『磻，以石箸隿繳也。』

據此，矰繳是矰尾繫一根繩子，稱之爲繳；繩的另一端又繫一石塊，稱之爲磻。這種形狀和用弓射的矢顯然不同。我疑心矰就是後世所謂的鏢。這種鏢最初是用手投擲，可以擊獸，也可以擊鳥。矰的尾部所繫的繳和磻，舊時解釋謂是用以纏繫鳥翼。這種作用是可能有的，但我們覺得，它的主要的作用蓋欲使投擲的時候，矰可以比較穩定，方向可以比較準確，這種矰最初是用手投擲，後世進步，才用弩機發射，用弩機發射，可以射得遠，射得高，所以用它射飛鳥。戈就是這種矰加橫柄而成的。

甲骨文有『[甲骨文字形]』字，或作『[甲骨文字形]』。這個字學者也釋戈。在卜辭裏，這個字的用法和字義也和『弋』相同。

『丁丑卜，[甲骨文字形]羅。』（庫方一〇一四）

『丁丑卜，今日[甲骨文字形]羅。』（同上）

『其[甲骨文字形]□方。』（後上二二·一）

『甲辰卜，雀[甲骨文字形][甲骨文字形]侯。甲辰卜，[甲骨文字形]侯[甲骨文字形]雀。』（佚六〇四）

『癸未卜，其克[甲骨文字形]周，四月。』（掇二·一六四）

這個字必就是『弋』字。『弋』又作『[甲骨文字形]』，尾部繫一『[甲骨文字形]』，這和矰上的繳磻正相似。這種情形，商周銅器上所刻的戈看得更爲清楚。商周銅器上所刻的戈有作下列形狀的：

戈『內』的尾部所繫的與矰尾所繫的繳和磻更加相像。戈『內』的尾部爲什麼要繫這樣一個東西呢？疑這就是繳和磻的遺跡。如這種推測不錯，則戈是由矰加柄而成的更可以得到一個佐證。弋射的矰和農器的『弋』及兵器的戈最早原是同一個東西，因之在語言上便同一個詞，矰射用『弋』字，疑原因就在此。

一九六三年十二月八日修改於合肥

釋黃

甲骨文有『』字，又作『』。此字過去學者或釋『寅』，或釋『黃』，或以爲不認識。這是『黃』字現在大概已爲大家所公認。『黃』字金文有作『』的（師艅簋）。和甲骨文『』完全一樣。知『』必定是『黃』字。又卜辭有『牛』『牛』：

『貞，賣東西南，卯牛。』（乙綴二七八）

『貞，帝于東，埋豕，賣三宰，卯牛。』（續二·一八·七）

『甲申卜，賓貞，賣于東，三豕，三羊，犬，卯牛。』（續一·五·三）

這非是黃牛不可。金文『黃』字多作『』，甲骨文『潢』字所從之『黃』也作『』或『』，都从『』作。『黃』顯是从『』演變的。『』是『黃』字，但此字本義爲何仍不得知。有人謂象璜形，與字形不合。其義爲黃色，乃是假借。我國文字中的顏色字都是假聲的。因爲顏色是無形的，無法用字形來表達。

卜辭有『黃尹』：

『貞，㞢于黃尹。』（前一·五一·五）

『己亥卜，㱿貞，㞢伐于黃尹，亦㞢于蔑。』（前一·五二·三）

『癸丑卜，賓貞，㞢于黃尹。』（龜二·一七·六）

『貞，𠦪于黃尹。』（續存上二二六）

學者以爲就是阿衡、保衡。『黃』『衡』二字古通用。『衡』金文都作『黃』。如康鼎：『命女幽黃攸勒。』伊簋：『易女赤巿幽黃䜌旂。』毛公鼎：『易女……朱巿悤黃。』番生簋：『易赤巿悤黃。』幽黃、悤黃禮記玉藻作幽衡、悤衡。又『横』『衡』二字通用。這乃因『黃』『衡』二字通用，假『衡』爲『黃』。『黃尹』就是阿衡、保衡似無可疑。

阿衡、保衡舊有二説：一説是伊尹的名字。史記殷本紀云：『伊尹名阿衡。』一説是官名。詩長發鄭箋云：『阿衡、衡、平也。伊尹湯所依倚而取平，故以爲官名。』皇甫謐帝王世紀云：『伊尹名摯，爲湯相，號阿衡。』（史記殷本紀正義引）史記殷本紀索隱云：『孫子兵書，伊尹名摯，孔安國亦曰伊摯，然解者以阿衡爲官……亦曰保衡。皆伊尹之官號，非名也。』近時學者又有謂阿、保是官名，黃、衡是私名。（陳夢家卜辭綜述三六三頁）

按卜辭，『黃』確實是官名。卜辭云：

『甲午卜，□貞，令□隹黃。貞，勿令□隹黃。』（龜一・二四・一三）

『□』字不識，在此是人名。卜辭云：

『（缺）寅，古貞，□其有疾。貞，□亡疾。』（乙綴一一七一）

『甲午卜，㱿貞，勿令□。』（天六九，誠明四五）

『□』也都是人名，必就是一人。『隹』義爲『爲』。卜辭習見『隹禍』『不隹禍』『隹孽』『不隹孽』『隹』義都是『爲』。殷周時代作爲之『爲』都用『隹』字，後才改用『爲』。『令□隹黃』『勿令□隹黃』，很明顯，是卜問是否令□爲『黃』。由此可知，『黃』必定是官名無疑。又卜辭云：

『貞，勿易黃□。』（拾零一〇〇）

『甶黃令弋方。』（續存上五三三）

這裏『黃』也必是官名。『□』唐蘭釋『兵』。『勿易黃兵』，『黃』非是人不可。『弋』即尚書多士：『非我小國敢弋殷命』之『弋』。僞孔傳云：『弋，取也。』我以爲義蓋爲攻取（詳釋弋）。『黃令弋方』，『黃』能下令攻方，其爲官名，更可以想見。由此看來，『黃』（衡）不僅殷初有此官，武丁時仍有此官。

阿衡、保衡舊以爲就是伊尹。近時學者有人提出異議，謂阿衡、保衡不是伊尹，保衡和阿衡也不是一人。他例舉尚書君奭和詩長發爲證。尚書君奭云：『我聞在昔成湯既受命，時則有若伊尹……在太甲時則有若保衡。』伊尹和保衡，一在湯時，一在太甲時，時間不同，當不是一人。詩長發：『昔在中葉，有震其業，允也天子，降予卿士，實爲阿衡，實左右商王。』此事叙在湯後。既云中葉，必在商之中葉而不在商初。這又可知阿衡必不是伊尹，也不是保衡。（殷墟卜辭綜述）此說郭沫若已指出非是。此說理由實是不充分的，對君奭和詩長發的解釋不免牽强。尚書君奭篇之保衡就是伊尹，孔穎達正義早就說明了。孔氏說：『按太甲之篇及諸子傳說，太甲大臣惟有伊尹，知即保衡也。』從歷史事實看，覺得舊說似難推翻。伊尹是從湯時一直活到太甲時的。據先秦記載所傳，他的功績不僅是佐湯滅夏，尤其著名的是他相太甲的故事。太甲立，伊尹爲相。太甲『不遵湯法』『亂德』，伊尹把他廢掉，放之於桐宫。三年，太甲悔過，伊尹又迎他回來爲王，把政權交還給他。這件事爲後世所稱頌，把他與周公并稱。太甲時哪還有另外一個人地位功勞比伊尹更高，值得後世稱頌呢？君奭篇所稱的保衡若非就是伊尹，不論在事實上或事理上，都很難講得通。長發詩也不能這樣理解。對於這篇詩，應該要從全篇看。此詩一共七章，一、二兩章是叙述契的。從三章到六章是述商之興起和滅夏的。最後一章述阿衡佐商。從全篇的主題看，這篇詩是述商之興起的，而主要的是歌頌湯。最後一章謂天降卿士阿衡，左右商王，很明顯，乃是因歌頌湯而附帶稱頌阿衡。此處阿衡顯然非是伊尹不可。如若阿衡不是伊尹而是遠在湯後商代中葉的另外一個人，則不僅這章詩没有意義，全篇詩也失其完整性。因爲這裏阿衡所左右的商王是哪一個王詩没有説明，在歌頌湯以後，忽然又説到一個不知時間、輔佐哪一個王的阿衡，顯與上文不接，這章詩也成了個突乎其來、不知所云的贅疣了。至於『中葉』，把它解釋爲在湯以後商代的中葉，似與原意也不符合。這乃因爲心中先有商這個朝代的緣故。此處『中葉』實不是指商代的中葉。鄭玄箋云：『中此謂相土也。』鄭玄就不把『中葉』解釋爲商代的中業。此處『中葉』實就是指湯的時候。商頌不論它是商時的詩或是周時宋人的詩，總是商人的詩。商人認爲他們的歷史是从契開始的。湯在從契以來直至商代的整個商族歷史上講，自可以説是『中葉』。

我們認爲『黄尹』就是阿衡，也就是伊尹。卜辭有『黄尹』和『伊尹』兩種稱謂。這乃是在不同的時代不同的稱謂。學者業已指出，在卜辭中，『黄尹』只見於武丁時的卜辭，『伊尹』則多見於廩辛、康丁、武乙、文丁時代的卜辭。反過來説，『伊尹』不見於武丁時代的卜辭，『黄尹』不見於廩辛、康丁、武乙、文丁時代的卜辭。伊尹是殷代開國時功勞最大、地位最高的舊臣，殷人特别祭祀他。總不能説，對他的祭祀到武丁以後廩辛康丁時代才開始。同時，如『黄尹』是另外一個功高的舊臣，殷人把他列之於祭祀。總不能説，對他的祭祀，只有武丁的時候才舉行，以後就不祭祀他了。由此推測，『黄尹』『伊尹』必定是一個人。武丁時稱他爲『黄尹』，廩辛、康丁以後多稱他爲『伊尹』。『黃尹』『伊尹』乃是時間不同，稱謂改變。

一九六二年十月十八日草於合肥

釋異

卜辭：

『壬子卜，王令雀伐。』（後下一九・三）

『伐。』（後下二六・一一）

『貞，多犬及。』（續二・二四・一）

『貞，多犬弗其及。』（同上）

『』學者釋『舁』。這個字在卜辭裏都是地名，不能推知其字義。從字形看，這和『舁』實不相同。說文云：『舁，舉也，从廾由聲。』『』从田，不是从『廾』。這個字不能釋『舁』。我以爲這乃是『異』字。

說文云：『異，分也，从廾从畀。畀，予也。』篆文作『』，所从之『畀』作『』，與甲骨文『』正相同。我疑『異』字篆文从『丌』，乃是以後增加的。在我國文字中，有些字在發展中往往加『丌』作。例如『典』字，甲骨文作『』，而金文作『』。『其』字甲骨文

作『』，金文則作『』。『異』字疑也是這樣演變的。又从『』作的字後世往往變爲从『共』。例如『龔』字，甲骨文和金文都作『』，篆文改爲从『共』。『異』字也可能是這樣演變的。甲骨文有『』字，即説文之『圣』字。説文云：『汝潁之間謂致力於地曰圣。』『』字从『田』从『』，與『』字構意一樣，疑也是象雙手致力於田地之形。呂氏春秋爲欲篇：『晨興，務耕，疾庸𦔳。』高誘云：『𦔳，古耕字。』博雅『𦔳』字，云：『𦔳，耕也。』『異』當就是『𦔳』字的初文，更知『』必就是『異』字。

附録

甲骨文考釋所引用甲骨著録簡稱

（以引用先後爲序）

胡厚宣	甲骨續存	續存
劉　鶚	鐵雲藏龜	鐵
羅振玉	殷墟書契前編	前
羅振玉	殷墟書契續編	續
郭沫若	殷契粹編	粹
林泰輔	龜甲獸骨文字	林
郭若愚	殷契拾掇	掇
黄　濬	鄴中片羽初集	鄴初
羅振玉	殷墟書契菁華	菁

董作賓	殷墟文字甲編	甲
方法斂	庫方二氏所藏甲骨卜辭	庫方
董作賓	殷墟文字乙編	乙
羅振玉	殷墟書契後編	後
郭若愚	殷墟文字綴合	綴合
郭沫若	卜辭通纂	通
商承祚	殷契佚存	佚
李孝定	中央大學所藏甲骨文字	中大
胡厚宣	戰後寧滬新獲甲骨集	寧滬
胡厚宣	戰後京津新獲甲骨集	京津
胡厚宣	戰後南北所見甲骨録（南北師友所見甲骨録）	師友
葉玉森	鐵云藏龜拾遺	拾遺
董作賓	新獲卜辭寫本	新獲
金祖同	殷契遺珠	珠
李亞農	殷契摭佚續編	摭續
容　庚	燕京大學所藏甲骨卜辭	燕

胡厚宣	戰後南北所見甲骨録（誠明文學院所藏甲骨文字）	誠明
李旦丘	鐵雲藏龜零拾	零
陳邦懷	殷代社會史料徵存	徵存
王　襄	簠室殷契徵文	簠
明義士	柏根氏舊藏甲骨卜辭	柏
胡厚宣	戰後南北所見甲骨録（明義士舊藏甲骨文字）	明續
姬佛佗	戩壽堂所藏殷墟文字	戩
曾毅公	甲骨綴合編	綴合編
商承祚	福氏所藏甲骨文字	福
董作賓	大龜四版考釋	大龜四版
胡厚宣	戰後南北所見甲骨録（南北坊間所見甲骨録）	坊間
吉卜生（英）	上海亞洲文會博物館所藏甲骨卜辭	上海
陳夢家	殷墟卜辭綜述	綜述